노인학대의 원인에 대한 생태학적 연구

노인학대의 원인에 대한 생태학적 연구

한 은 주

한국학술정보[주]

책머리에

조선시대 말 선교사 게일은 "조선은 노인 천국이다. 다시 태어난다면 한국에서 노인으로 살고 싶다"라고 말했을 정도로 한국인의 노인공경 및 부양의식은 매우 높았다. 그러나 지금은 동아시아와 태평양지역 17개 국가 중에서 노인존경의 정도가 꼴찌라는 불명예를 안게 되었다. 이와 같이 우리 사회에는 노인에 대한 부정적인 고정관념을 넘어 노인차별주의가 팽배해지고 있으며, '현대판 고려장'이라고 할 수 있는 노인학대의 문제가 점차 심화되고 있는 게 사실이다.

우리나라는 1990년대에 들어와서 노인학대에 대한 관심이 생겨나기 시작하였다. 그러나 그것은 노인학대 자체에 대한 관심이라기보다는 가정폭력에 대한 사회적 관심이 증대되면서 가정폭력의 일환으로 관심을 갖기 시작한 것이라 할 수 있다. 그 후 본격적인 고령화 사회에 들어선 2000년대에 들어와서 노인학대에 대한 사회적 인지와 관심이 조금씩 증가하고 있으며 노인학대에 대한 대처방안도 조금씩 마련되었다. 그러나 경로효친사상 등 효를 중심으로 한 전통윤리사상과 관습 등으로 인해 구조적으로 노인학대가 사회적으로 노출이 잘 안되기 때문에 그 실상에 비해서 노인학대에 대한 사회의 인지가 부족하고 사회적인 대책이 여전히 미흡한 게 현실이다. 다행히 2003년 12월 노인복지법이 개정되면서 노인학대 피해자를 돕기 위한 노인보호기관(노인학대예방센터)이 설치되게 된 것은 무척 반가운 일이다.

노인학대는 크게 노인의 성, 연령, 교육수준 등과 같은 개인적 특성 요인, 노인의 경제 및 건강, 심리사회적 기능요인, 가족상황적 요인, 사회적 관계망 요인 그리고 사회문화적 요인 등 여러 가지 원인에 의해 발생된다. 즉 노인학대는 여러 요인들이 복합적이고 역동적인 상호작용으로 발생하므로 피학대 노인의 측면, 가해자 측면, 피해자와 가해자의 상호작용 측면, 가정환경요인 측면, 사회문화요인 측면 등에 대한 다면적인 접근을 통해 문제를 조명하고 원인을 파악해서 종합적인 개입과 대책을 강구하는 시각이 필요하다.

본 연구는 이와 같은 노인학대 문제가 사회적으로 표면화되기 시작한 1990년대 말에 시작한 논문이다. 그 당시 이 주제의 연구가 막 시작되던 때여서 관련 연구자료를 찾는데 많은 애로사항이 있었으며, 연구의 모형을 잡는데도 꽤 많은 시간과 공을 들였던 기억이 난다. 다각도의 상호작용에 의해 발생되는 노인학대의 발생원인이 무엇인가를 탐색하기 위해 노인과 부양자의 개인적인 특성 그리고 가족체계의 특성에 초점을 두는 동시에 더 큰 사회적인 맥락에서 그 같은 문제가 초래된 본질적인 원인이 어디에 있는가를 다루었으며, 기존 이론들이 다루지 않았던 거시체계까지 고려하는 생태학적 접근을 통해 살펴보았다.

여전히 노인학대의 문제가 여러 방면에서 나타나고 있으나 아직도 사회적 합의나 정책이 안정화되지 않아 현실적으로 해결해 나가야 할 과제가 많다. 앞으로 노인학대 문제의 심각성에 대한 인지뿐만 아니라 학대받는 노인사례를 조기에 발견하여 적극적으로 개입할 수 있는 방안을 조속하게 마련해야 할 것이다. 본 연구 자료가 노인학대 대응방안을 마련하는데 있어서 기초 자료로 활용되기를 바라며, 앞으로 이 문제에 관심을 가지고 있는 관련 학문의 전공자들이 노인학대 문제를 좀 더 지혜롭게 해결하기 위한 학문적 연구가 계속 이어질 것이라 믿는다. 미흡하지만 조금은 앞서서 시작된 본 논문의 연구내용들이 그러한 후속연구들의 밑거름이 되었으면 하는 욕심을 내어본다.

마지막으로 몇 년 동안 햇빛을 보지 못하고 숨겨져 있었던 부족한 제 연구를 귀히 여기시고 출판을 제안해 주신 한국학술정보(주) 사장님과 교정편집에 애써주신 박주선 선생님께도 감사드린다.

2006년 3월

한 은 주 드림

목 차

표 목차

그림 목차

Ⅰ. 서 론

1. 문제의 제기

우리나라는 최근 평균수명의 증가와 동시에 출산율이 현저히 감소된 결과로 인하여 가까운 일본이나 다른 선진국에 비해 매우 빠른 고령화 현상을 경험하고 있다. 1998년 인구센서스 조사결과에 따르면 전체 인구 중 65세 이상 되는 노인이 차지하는 비율은 1998년에 약 305만 명 (6.6%)으로, 곧 다가오는 2000년(약 337만 명, 7.1% 전망)부터는 본격적인 고령화 시대가 시작된다 할 수 있다. 특히 70세 이상 되는 인구는 1998년의 183만 명에서 2000년에는 200만 명을 넘어서고, 2010년에는 지금보다 약 2배 많은 326만 명으로 늘어날 전망이다. 이와 더불어 현재 65세 이상 인구 중 90만 명(노령인구의 약 33.5%)의 노인이 관절, 심장병 등 만성퇴행성 질환으로 식사, 목욕, 병원이용 등 일상생활에서 제3자의 도움을 필요로 하고 있으며, 인지적 장애로 인한 치매노인 인구노 1997년의 24만 2천 명에서 2000년에는 27만 8천 명으로 늘어나고 2020년에는 61만 9천 명으로 계속해서 급격하게 증가할 것으로 추정되고 있다 (통계청, 1998). 이와 같이 신체적, 정신적, 재정적으로 가족이나 사회의 부양을 필요로 하는 노인인구의 증가와 더불어 노후를 둘러싼 환경의 변화는 노인문제를 심각한 사회문제의 하나로 대두시키게 되었다.

전통적으로 우리 사회는 자녀가 그들의 노부모를 부양해왔고 그리고 부양하기를 기대한다. 그러나 사회 인구학적 변화로 인해 지금까지 노부모의 부양을 주로 맡아왔던 여성들의 취업률이 증가하고, 가족구조 및 가치관의 변화로 인해 당연하게 여겨져 왔던 노인에 대한 가족부양의 기능이 상대적으로 약화되고 있으며, 또한 변화가 요구되고 있다. 사회보장 제도와 노인복지제도 등 가족지원체계가 정착되어 있지 못한 열악한 환경에서 의존적인 노부모를 수발해야 하는 성인자녀의 부양부담은 노부모의 부양을 둘러싼 가족 간의 불화를 초래할 수 있을 뿐만 아니라, 노부모 학대로 이어질 수 있는 위험성을 내포하고 있다. 1980년대에 미국사회에서는 이제 학대로 희생되는 연령층은 아동이 아닌 자녀에게 의존하고 있는 노부모가 될 것이며, 노부모에게 고통을 주는 사람들은 바로 노부모 부양책임을 맡고 있는 그들의 자녀들일 것이다라는 주장이 생겨났다(Steinmetz, 1978; 한동희 등, 1994에서 재인용). 이는 노인인구의 급증이나 부양부담의 가중으로 인하여 발생할 수 있는 문제들 중 간과할 수 없는 문제가 가정폭력의 한 가지 유형인 노인학대라는 것을 말해주는 것이다.

우리보다 인구의 노령화 속도가 빠르고 노인학대의 문제를 공식적으로 인정한 서구에서는 1970년대 말 이래로 여러 측면에서 이 문제의 본질을 탐색하고자 하는 노력을 진행하여 왔다(Daniels 등, 1989). 미국과 그 외 다른 서구문화권에서는 지역사회 조사를 통해 65세 이상 되는 노인의 3%에서 6% 정도가 학대 또는 방임을 경험하고 있고, 가해자는 보통 그들의 자녀 또는 그 외 가족구성원에 의한 것으로 밝히고 있다(Lachs 등, 1997). 최근 미 하원의 노인문제 보고서에서 미국 노인 20명 중 1명꼴로 학대를 받고 있다고 지적되고, 노인들이 가족들로부터 신체적 학대를 당하거나 무관심 속에 방치될 뿐만 아니라 손쉽게 범죄의 대상이 되는 것으로 보고되면서(Cox, 1996) 미국 내에서 가족 내의 노인문제가 이제 사회적인 범죄로까지 확대되고 있음이 드러났다.

좀 더 빠른 인식과 더불어 예방책을 다각도로 고려하고 있는 서구와는 달리 우리나라는 가정 내에서 일어나는 문제가 외부에 알려지는 것을 극히 꺼려하는 문화적 특성과 더불어 효를 중시하는 가치관으로 인해 지금까지 이 문제를 극히 도외시해 왔다. 특히 남의 가정 문제에 끼어드는 것을 별로 달가워하지 않는 풍토가 만연된 우리 사회에서 노인학대 문제를 끄집어내기란 어렵다. 그러나 최근 신문과 방송에서 빈번하게 보도되는 노부모 유기, 존속상해 및 살인사건들, 한국노인의 전화를 통해서 접수되는 사례들(서혜경, 1995; 한동희, 1996; 박준기, 1998)로 미루어 볼때 우리 사회도 이미 서구 여러 나라에서 쟁점화된 아동학대, 아내구타문제에 이어 노인학대까지 어느 정도 위험수위에 달해 있음을 엿볼 수 있다.

따라서 전통적인 유교적 윤리의 근본인 효와 경로사상이 사실상 무너지고 있음에도 불구하고 노인문제만은 전통윤리로 해결하려는 정부 입장은 노인자살이나 병든 노인의 유기와 같은 극단적 학대사례의 급증을 극소수의 불효자에 해당되는 반인륜적 사건으로만 여기고 있어 고령화 사회의 노인보호 문제를 여전히 개인 또는 가족의 문제로 남기고 있다.

우리나라에서 최근에 가정폭력방지관련 특별법이 제정되면서 아내학대 또는 아동학대에 관한 관심의 증가와 더불어 노인학대에 대한 관심의 폭역시 증폭되고 있다. 그러나 이 법안은 아내학대에 대한 내용이 주류를 이루고 있고, 법을 제정하기 이전에 앞서서 노인학대를 초래할 수 있는요인을 파악하기 위한 기본적인 접근이 거의 이루어지지 않았기 때문에, 예방 대책에 대한 배려 없이 처벌규정만 명문화되어 노인학대문제가 더욱 심하게 은폐될 가능성이 내제되어 있다고 여긴다.

이제 곧 고령화 사회에 접하게 되는 현 시점에서 우리 사회 역시 피할수 없는 문제인 노인들의 학대 경험에 대해 우선적인 관심이 필요하며, 궁극적으로 가족 안에서 일어나고 있는 노인학대에 대한 해결책과 예방책을 모색하기 위해서는 무엇보다도 노인학대의 원인을 설명할 수 있는작업이 이루어져야 할 것이다.

1970년대 말부터 시작되어 온 대부분의 노인학대에 관한 연구결과들을 통해 살펴보면 학대 피해자들은 대개 스트레스가 높고, 성인자녀와 함께 살며, 정신적·신체적으로 무능력한 고립된 여성이며, 연령이 매우 높은 것(75세 이상)으로 나타나고 있다. 그럼에도 불구하고 이러한 요인이 과연 정확한 판단인가에 대한 의심이 여전히 많은 연구가들에 의해 제기되고 있으며, 계속적으로 경험적이면서도 구체적인 탐색이 행해져야 함이 주장되어 왔다(Pillemer & Finkelhor, 1988).

그동안 우리 사회에서 연구된 노인학대 원인의 접근방법은 개인을 중심으로 한 개별적 특성에 한정하여 보는 경향이 높았다. 즉 노인과 관련된 인구학적 특성 및 의존성 등의 변인이 노인학대에 어떠한 영향을 미치는지(전길양·송현애, 1997: 김미경, 1998) 또는 부양자와 관련된 인구학적 특성 및 부양스트레스 등의 변인이 노인학대에 어떠한 영향을 미치는지(전길양·송현애, 1997: 이선이, 1998, 이성희·한은주, 1998)가 조사되었다. 그러나 노인학대는 개별적으로 피해자 중심이나 가해자 중심의 개인적 특성뿐만 아니라 개인을 둘러싼 가족 및 환경에 의해서도 영향을 받는 것으로 나타나고 있기 때문에(Kemp, 1998), 이러한 개별적 접근방법은 일반인들의 시각을 편협화시킬 수 있다. 즉 노인의 의존성이 학대를 일으키는 원인으로 나타나고 있지만(이선이, 1998: 이성희·한은주, 1998), 같은 수준의 의존성을 갖고 있는 모든 노인이 같은 수준의 학대를 받고 있다고는 할 수 없다. 이를 통해 노인학대의 원인을 노인 또는 부양자의 개인적 특성에만 초점을 맞추어 살펴보기보다는 이들의 주변환경 역시 노인학대에 영향을 미칠 수 있다는 가능성을 염두해 두고, 노인을 둘러싼 환경이 학대에 어떠한 영향을 미치는지 또한 살펴보는 것이 필요하다.

따라서 궁극적으로 가족 안에서 일어나고 있는 노인학대에 대한 해결책과 예방책을 모색하는 미래의 경험적 연구를 실시하기 위해서는 노인학대의 원인을 포괄적으로 설명할 수 있는 이론을 바탕으로 한 원인규명 작업이 이루어져야 할 것이다. 즉 노인 개인의 특성과 노인을 부양하는 부양자의 특성 그리고 이들을 둘러싼 사회문화적 맥락 속에서 노인학대의 원인을 접근하는 방식을 통해 부양자의 노부모에 대한 학대를 사전에 예방하고 사후적으로 치료하기 위한 구체적이고 실용적인 방안이 제시될 수 있을 것이다.

2. 연구의 목적 및 의의

1970년대부터 시작된 서구의 노인학대에 대한 관심 및 연구와는 달리, 우리나라는 1990년도에 들어서서야 조금씩 이에 대한 인지를 시작하였고 연구가 되기 시작하였다. 지금까지 국내에서 시도된 노인학대 연구는 약 20여 편으로 이를 간단히 요약하면 다음과 같다. 첫째, 국내 및 국외 연구를 종합적으로 탐색한 문헌적 고찰을 들 수 있다(윤진, 1994; 김한곤, 1994; 한동희·김정옥, 1994; 이해영, 1996; 성향숙, 1997; 김태현·한은주, 1997). 이들의 주 내용은 노인학대의 개념 정의에 따른 문제라든가, 기존의 연구경향 그리고 이론에 대한 소개들이다. 둘째, 60세 이상의 노인과 노부부를 대상으로 학대에 대한 인식 및 태도 그리고 실태와 원인을 파악하고자 한 연구를 들 수 있다(형사정책연구원, 1995; 한동희·김정옥, 1995; 김현수, 1997; 이영숙, 1997; 전길양·송현애, 1997; 김미경, 1998; 김재엽, 1998). 이들의 연구결과 우리나라 역시 어느 정도 노인학대 경험이 높은 것으로 나타나 일종의 사회적 문제로서 이에 대한 관심이 절실한 것으로 피력되었고, 대개 나이가 많고, 육체적으로 불편하거나 정신적으로 장애가 있고, 경제적으로 독립적이지 못한 고립된 여자노인들이 학대의 위험에 노출될 가능성이 높은 것으로 나타났다. 또한 대다수의 노인들은 자신의 무능력과 같은 자기 탓으로 학대가 발생한다고 느끼고 있었으며, 적극적으로 환경 변화를 일으킬만한 대처방안을 가지고 있지 못한 것으로 나타났다. 셋째, 부양자와 일반 성인남녀를 대상으로 노인을 학대하는 원인 및 태도를 밝히고자 한 연구를 들 수 있다(전길양·송현애, 1997; 이선이, 1998; 이성희·한은주, 1998; 김한곤, 1998). 이들의 연구결과 노인학대 상황은 노인의 의존성이 직접적인 영향을 미치긴 하지만, 노인이 부정적인 행동통제기술 등을 많이 사용하여 부양자와의 관계가 원만하지 못할 때 더욱 많이 발생되는 것으로 나타났다. 결국 노인의 의존성이나 부정적인 행동 등과 같은 요인으로 인해 부양자의 스트레스가 높아질 수밖에 없고, 이로 인해 부양자는 노부모에게 학대를 한다는 결과를 보여주고 있어서 학대가 부양자보다는 노인의 개인적 특성 때문에 발생하는 일로 언급되고 있다. 넷째, 이미 학대를 경험하고 시설에 거주하는 노인을 대상으로 학대 원인이 무엇인지를 밝히고자 한 연구를 들 수 있다(한동희, 1996; 반형욱, 1997). 이들의 연구결과 학대의 원인은 단 하나의 요인에 의해서라기보다는 다양한 요인, 즉 개인적, 가족적, 사회문화적, 사회정책적 요인이 복합되어 발생되는 것으로 나타났다. 그러나 이들 연구는 소수의 피해자를 중심으로 한 회고에 의해 조사된 것이므로 일반화시키는 데는 무리가 따른다고 본다. 다섯째, 그 외 기타 연구로 전화상담사례를 분석한 연구(서혜경, 1995) 및 신문기사를 발췌하여 분석한 연구(박준기, 1998)를 들 수 있다.

이와 같이 국외의 연구들과 마찬가지로 국내 연구들 역시 학대에 대한 정의나 연구방법, 표집에 있어서 차이가 있기 때문에, 이 연구결과들을 통합하거나, 일반화하기가 어렵다. 즉 실제로 우리나라에서 노인학대가 어느 정도 일어나고 있고, 가족 내에서 누가 노인을 학대하며, 왜 학대하는지 그리고 학대는 노인 자신의 문제 때문인지, 자녀의 문제 때문인지 아니면 쌍방간의 문제 때문인지 하는 의문들은 학대의 또 다른 형태들이 다른 형태의 상황이나 개인들과 연관되어 계속해서 발견되고 있기 때문에, 어떤 것이 위험요인인지 단편적으로 설명하기는 어려울 수밖에 없다. 그만큼 노인학대는 복합적이고 다차원적인 문제들이 얽혀있는 상황에서 발생하는 경우가 많고, 문화적인 요인도 무시할 수 없어 관련요인을 명확하게 제시하기 힘들 뿐만 아니라 연구마다 그 요인에 대해 서로 다른 결과를 제시하고 있어서 서구의 연구자들이 계속해서 주장하는 바대로 학대 경험의 원인이 무엇인가를 이해하려면 우선적으로 더 정교한 개념적 모델이 필요하다고 본다.

다른 가족학대 영역(예: 배우자 학대, 아동학대 등)에 비해 노인학대 영역은 훨씬 덜 연구가 된 분야이긴 하지만, 지금까지 행해진 연구들을 종합하자면 노인학대의 원인과 관련된 요인으로 가해자의 개인적 특성, 둘째 상호 세대 간의 전이, 셋째 피해자의 의존성, 넷째 외적 스트레스를 들 수 있다 (Pillemer, 1985; Quinn & Tomita, 1986; Pillemer & Suitor, 1992; 한동희, 1996 김태현 · 한은주, 1997). 그 외 사회적 고립요인이 위기요인으로 포함되기도 하였다(Pillmer & Suitor, 1992; Lachs & Pillemer, 1995; Lachs et al., 1997; 한동희, 1996). 그러나 이러한 연구들 중에는 이론적으로나 방법론적으로 여러 가지 문제를 내포하고 있어 대책과 예방차원에 실질적으로 이용될 만한 일반성과 타당성이 결여되어 있는 연구들이 상당수 포함되어 있으며, 이로 인해 연구결과들 간에 불일치 양상이 나타나고 있다. 즉 관련된 선행연구들의 일반적 경향을 보면, 먼저 노인학대, 노인홀대, 방임 등의 용어들이 혼용되고, 동일한 현상에 대한 정의에 있어서 현격한 견해 차이를 보이고 있어(서혜경, 1992; 한동희, 1996; 전길양 · 송현애, 1997; 반형욱, 1997; 박준기, 1998; 이성희 · 한은주, 1998) 관련연구들 간의 비교 및 연구 간의 연속성을 위한 타당성 있는 연구결과의 누적이 불가능하고, 관련된 실태조사 결과가 불일치하는 문제를 심각하게 야기하고 있으므로 개념적인 정의를 규정짓는 작업이 우선적으로 필요한 것으로 보인다.

그리고 또한 학대의 원인을 설명하기 위해 서구에서 사용된 이론으로는 정신병리학적 이론(Kosberg, 1988; Wiehe, 1998), 사회학습이론(Kosberg, 1988; Milner, 1990), 사회교환이론(Kosberg, 1988; Fulmer, 1988), 상황적 스트레스이론(Phillips et al., 1986; Fulmer, 1988), 상징적 상호작용이론 (Steinmetz, 1988) 등을 들 수 있다. 그러나 이들의 주 문제점은 이론을 통한 가설 또는 설명들이 경험적 탐색에 근거한 것이 아니며 또한 이론적 특성상 피해자, 가해자, 가족 또는 사회의 각 측면만을 지엽적으로 다룸으로써 노인학대에 대한 부분적인 원인 분석에 그치고 있다. 결과적으로 이러한 이론들을 적용한 연구의 결과들은 사후적인 임상치료나 예방적인 교육프로그램에 효율적으로 반영시키는 것이 어려운 실정이다. 더군다나 우리나라의 연구에서는 이론에 대한 소개 정도의 연구(한동희, 1996)만 있을 뿐이지, 이론을 통한 경험적 검증은 전무한 상태이다. 따라서 서구의 연구에서 제한점으로 제시되고 있는 이론적 관점을 통합함으로써 포괄적인 노인학대의 원인설명을 하기 위한 이론 설정이 필요한데 본 연구에서 제시하는 생태학의 이론적 접근이 이러한 목적에 부합될 것으로 보인다. 즉 생태학적 접근은 인간의 행동을 개인, 가족, 지역, 사회 등과 같은 환경과 결부시켜 체계론적인 관점을 강조하는 이론으로, 복잡다양하다 할 수 있는 노인학대의 문제가 초래된 본질적인 영향이 어디에 있는가를 다룰 수 있으리라 본다.

사실 가족 내의 일을 가족 안에서만 해결하고자 하는 의식이 특히 강한 우리나라에서 이에 대한 구체적인 탐색을 한다는 일은 매우 어려운 실정이다. 그럼에도 불구하고 이러한 문제는 개인의 문제를 떠나 사회적인 문제로 부각되어 사회전반에 영향을 미치기 때문에 이에 대한 정확한 실태파악과 함께 근본적인 원인을 규명하는 연구조사가 필요하다. 따라서 본 연구에서는 선행연구에서 나타나는 제반 문제점을 지적하고, 서구의 선행연구에서 사용된 여러 가지 이론들이 노인학대의 원인을 설명하는데 제한점을 갖는다는 이론적 측면의 문제점을 보완할 수 있는 대안적 이론으로써 인간발달생태학 이론을 적용한 Kemp(1998)의 생태학적 접근방법을 적용하고자 한다. Kemp(1988)의 환경세분화 체계에 따라 선행 연구에서 다룬 노인학대의 원인들을 분류함으로써 부양자의 노인학대 원인을 포괄적으로 설명할 수 있는 연구모형을 구성하고 이를 검증함으로써 노인학대의 직접적인 원인을 종합적으로 파악하여, 노인학대의 예방 및 개입의 탐색을 위한 기초 자료를 제공하는 데 의의를 두고자 한다.

Ⅱ. 이론적 배경

1. 노인학대의 개념

서구에서의 노인학대 문제는 1975년 British Medical Journal에 "노인 때리기 (granny battering)"라는 제목이 처음 등장하면서 대중적인 이슈가 되었으며 (Burston, 1975; Wiehe, 1998에서 재인용), 1977년을 시작으로 전문적이면서도 법적인 관심이 등장하기 시작하였다(Pagelow, 1984). 노인학대에 대한 관심과 관련 연구들이 증가하면서 이를 설명하기 위한 많은 용어들이 언급되었다. 그 중 "매 맞는 노인 신드롬(the battered elder syndrome)"(Block과 Sinnott, 1979), "매 맞는 부모(the battered parent)"(Harbin & Madden, 1979), "학대 받는 노인(abused elders)"(Sengstock, Barrett & Graham, 1984) 등의 용어들 이 초기에 언급되었으나, 오늘날 많은 연구가들은 "노인학대(elder abuse)", "노인방임(elder neglect)"이란 용어를 가장 많이 사용하고 있다(Milner, 1990).

그러나 아직까지도 노인학대가 무엇인지에 대해 일정한 합의점을 찾지 못하고 있다. 미(美)의 기준이 보는 사람에 따라 다르듯이 학대 또한 보는 사람의 입장에 따라 가지각색의 추론이 가능하다. 예를 들어 노인에게 마음의 상처를 주거나, 자존심을 상하게 하는 것을 학대로 본 경우도 있고, 그렇지 않은 경우도 있다(Johnson, 1995). 또한 메사츠세츠에서의 연구결 과 방문간호원이나 가정부양직원(home care staff)은 경찰이나 보호서비 스 종사자보다 더 많은 학대사례들을 보고하고 있다. 이것은 간호원이나 가정부양직원이 더 많은 사례들을 접하고 있기 때문인지, 아니면 경찰이 신체적인 상해를 더 많이 경험하기 때문에 그러한 폭력에 덜 예민해서인지에 대해 여러 가지의 추론이 가능한 것으로 나타났다(Callahan, 1988). 이렇듯 노인학대의 정도에 대한 측정은 학대의 정의를 어떻게 내리느냐에 따라 그 숫자가 천 명이 될 수도 있고, 백만 명이 될 수도 있다. 그러므로 표준화된 명확한 노인학대의 정의없이 내려진 연구결과를 토대로 만들어진 사회적·법적 구제책 및 정책과 관련된 것들은 그 한계가 있을 수밖에 없다. 따라서 노인학대에 대한 충분하고 인정할 만한 정의를 내리지 않는다면 노인학대 문제를 어떻게 처리해야 할 것인지에 대한 일정한 합의점을 찾는 일은 어려울 것이다(Atchley, 1994).

더군다나 최근 들어 노인학대에 대한 정의는 각 민족에 따라 다르게 해야 할 필요가 있음이 주장되고 있다. 즉 사회 내에서 받아들일 수 있는 행동, 문화적 규범 및 도덕적 규범이 각기 다양하기 때문에 일률적으로 정의를 내리는 일은 각 나라마다 발생하고 있는 학대 발생률을 정확하게 탐지할 수 없도록 만드는 요인이 되는 것으로 나타나(Beasley 등, 1998), 학대의 정의를 내리는 일은 여전히 어려우면서도 논쟁의 대상이 되고 있다.

따라서 노인학대의 원인을 논하기 이전에, 학대의 본질을 제대로 정의하고 이해하는 것이 먼저 필요하다. 우선 노인학대를 정의하는 데 있어서 주된 문제는 학대라고 생각할 수 있는 행동의 범위를 결정하는 것이다. 〈표 1〉의 국내·외 선행연구들을 살펴보면 연구자에 따라 그 내용이 매우 다양함을 알 수 있다. 어떤 연구자는 신체적인 학대만을 노인학대로 본 경우도 있고, 어떤 연구자는 폭력이라 부를 수 있는 모든 행위를 노인학대라고 본 경우도 있다. 이렇듯 연구자마다 다양하게 분류를 하고 있어서 노인학대 영역을 일정하게 합의해 내기는 어렵지만 대체적으로 크게 신체적 학대, 정서적/언어적 학대, 재정적 학대가 포함되어 있고, 그 외 적극적 방임과 소극적 방임으로 구분되는 방임이 언급되고 있다. 일부 학자들은 성적 학대 또는 자기학대를 노인학대의 개념에 포함시키고 있으며, 노인이 자신의 집에서 내쫓기거나 자신의 의지와는 상관없이 어떤 다른 환경에 있도록 강요되는 것과 같은 노인 개인의 권리침해 또한 노인학대의 한 영역에 포함되기도 하였다.

그러나 최근 학대와 방임을 따로 구분하지 않고, 함께 묶어서 구분을 하는 경우가 나타났다(〈표 1〉의 17, 18, 19번). 지금까지 학대는 누군가가 의도적으로 노인에게 해를 가하는 과정이라면 방임은 노인의 행복이나 건강에 필요한 것을 주지 않는 것으로 분명히 두 개의 개념은 구분되어져야 한다는 주장이 강하였다(Rosenblatt, 1997; 전길양·송현애, 1997에서 재인용). 방임은 일반적으로 부양자가 노인의 욕구를 잘 충족시켜 주지 못하는 것으로, 다시 적극적인 방임과 수동적인 방임으로 구분되는데, 적극적인 방임은 노인에 대해 신체적이거나 정서적인 고통을 가하려는 의식적이고 의도적인 시도로써 부양자가 노인이 기본적인 생활을 영위하는 데 필요한 음식, 물, 은신처, 의복, 의료적·정서적 지원을 제공할 부양의무를 수행하지 않는 것이다. 이와는 달리 수동적인 방임은 해를 입힐 의도 없이 부양자가 노인의 기본적인 생활 욕구를 제공하지 않는 것으로 부양자가 노인의 욕구를 충분히 알거나 깨닫지 못했을 경우, 또한 부양자의 시간, 재정, 기술, 에너지의 부족으로 노인의 욕구를 충족시켜 주지 못하는 경우를 의미한다(전길양·송현애, 1997). 그러나 노인에게 물, 음식물, 약 등을 주지 않는 경우 또는 노인이 불편할 때 침대시트를 바꿔주는 것을 잘 하지 않는 경우를 학대로 볼 것인가 아니면 방임으로 볼 것인가라는 선택의 애매모호함이 제기되고(Pagelow, 1984), 적극적인 경우와 소극적인 경우의 의도성 판단이 모호할 수 있다는 판단하에 이 두 가지를 묶어서 함께 보는 연구자들이 생겨나기 시작하였다. 이러한 추세와 더불어 어떤 경우에는 "학대"나 "방임"이라는 용어보다는 고의로 한 행위와 모르고 행한 것이 모두 포함된 "노인에 대한 불충분한 부양(inadequate care of the elderly)" 또는 학대와 방임을 모두 포함하는 개념으로서 "노인홀대(mistreatment of the elderly)란 용어가 더 선호되기도 하였다(Lachs & Pillemer, 1995; Rosenblatt, 1997; 전길양·송현애, 1997).

전반적으로 노인학대 영역을 일정하게 합의 내 내기는 어렵다. 특히 우리나라의 경우 아직까지 부모 또는 노인에 대한 부양의식이 매우 높은 것으로 나타나는 연구결과(한은주·최배영, 1997)에 비추어, 노인에 대한 방임을 좀 더 큰 의미의 학대로 여길 수 있는 소지가 충분하다고 여긴다. 따라서 노인들에게 행해지는 학대의 개념을 적극적 또는 소극적 방임이 포함된 좀 더 폭넓은 의미로 정의하고, 그 하위영역으로 선행연구들에서 가장 중복적으로 나타나고 있는 신체적, 정서적, 재정적 영역으로 나누어 보고자 한다.

〈표 1〉 국내의 연구에서 다루고 있는 노인학대의 유형

번호	노인학대의 유형	학자와 연도
1	신체적 학대(또는 신체적 폭력)	Gioglio & Blakemore (1983) Pillemer & Suitor (1992) Paveza et al. (1992)
2	신체적 학대, 정서적 학대	Pillemer & Moore (1989)
3	신체적 학대, 정서적 학대, 재정적 학대	Neikrug & Ronen(1993)
4	신체적 학대, 정서적 학대, 언어적 학대	이영숙 (1997)
5	신체적 학대, 정서적 학대, 방임	Pillemer & Finkelhor (1988)
6	신체적 학대, 언어적 학대	Gilliland & Jimenez (1996)
7	신체적 학대, 방임, 기타(나머지 모든 학대유형)	Johnson (1995)
8	신체적 학대, 정서적 학대, 언어적 학대, 방임	Douglass et al. (1980) Hickey & Douglass (1981)
9	신체적 학대, 정서적 학대, 재정적 학대, 방임	Block & Sinnott (1979) Wolf, Strugnell & Godkin (1982) O'Malley et al. (1983) Krauskopf & Burnett (1983) Douglass (1989) 김미경 (1998)
10	신체적 학대, 정서적 학대, 재정적 학대, 성적학대, 방임	Phillips (1983) Tartara (1990) Shiferaw et al. (1994) Wiehe (1998) 서혜경 (1992)
11	신체적 학대, 정서적 학대, 재정적 학대, 자기학대, 부양거부	박준기 (1998)
12	신체적 학대, 정서적 학대, 재정적 학대, 언어적 학대	반형욱 (1997)
13	신체적 학대, 정서적 학대, 재정적 학대, 언어적 학대, 방임	한동희 (1996) 김현수 (1997) 김한곤 (1998)
14	신체적 학대, 정서적 학대, 재정적 학대, 언어적 학대, 방임, 성적 학대, 의료적 학대(권리침해)	Moon & Williams (1993) 최해경 (1993)

번호	노인학대의 유형	학자와 연도
15	신체적 학대, 정서적 학대, 재정적 학대, 방임, 권리침해, 자기 학대	Lau & Kosberg (1979)
16	신체적 학대, 정서적 학대, 재정적 학대, 방임, 성적 학대, (감금 및) 유기, 자기 방임	The National Center on Elder Abuse (1994) Neale et al. (1996)
17	신체적 학대와 방임, 정서적 학대와 방임, 재정적 학대, 방임(권리침해)	Quinn & Tomita (1986) Senstock & Hwalek (1987) Paris et al. (1995)
18	신체적 학대와 방임, 정서적 학대와 방임, 재정적 학대와 방임, 권리침해	Rosenblatt (1997)
19	신체적 학대 및 유기, 신체적 방임, 정서적 학대와 방임, 재정적 학대와 방임	전길양·손현애 (1997) 이성희·한은주(1998)
20	학대, 방임, 착취	Hwalek et al. (1996) Lachs et al. (1997)
21	폭력이라 부를 수 있는 모든 것	Straus, Gellos & Steinmetz (1980)

* 문헌마다 정서적 학대를 심리적 학대로, 재정적 학대를 경제적 학대로 조금씩은 다르게 명명된 경우도 있었다. 본 표에서는 이를 정서적 학대, 재정적 학대로 통일시켰다. 그리고 방임의 경우 어떤 연구에서는 적극적인 경우와 소극적인 경우로 분류하기도 하고, 어떤 연구에서는 전체적인 의미에서의 방임으로 분류하기도 하였다.

1) 신체적 학대(physical abuse)

신체적 학대는 폭력 등에 의해 신체적 고통, 상해, 상처 또는 질병을 초래할 수 행위로(Paris 등, 1995), 뺨을 때리는 것에서부터 살인에 이르기까지의 행동들을 포함한다. 신체적 학대의 예는 밀기, 꼬집기, 때리기, 강제로 먹이기, 온당하지 못한 장소에 노인을 내버려 두고, 신체적인 제약을 가하는 것 그리고 성적 강요나 성폭행 등을 들 수 있다. 일반적으로 이러한 신체적 학대는 다른 학대 형태에 비해 드물게 발생하는 것으로 밝혀지고 있다(전길양·송현애, 1997). 이보다는 좀 더 소극적인 형태

에의 신체적 학대는 노인이 쾌적한 생활을 하거나 해를 피하기 위해 필
요한 재화나 용역, 서비스를 부양자가 제공하지 않는 것으로(Paris 등,
1995), 식사나 물을 충분히 제공하지 않고, 안경, 보청기, 틀니, 지팡이
등 신체적인 보조기구를 제때에 마련해 주지 않으며, 노인을 위한 아무
런 안전 예방조치를 행하지 않는 것 등이 포함한다.

2) 정서적 학대(emotional or psychological abuse)

정서적 학대는 노인에게 정신적 고통을 야기하는 행동으로 심리적 학
대, 언어적 학대와 상호 교환적으로 사용되는 개념이다. 보통 심리적 고
통 또는 상처를 유발시키는 의도 또는 행동으로 정의되고 있는 정서적
학대는 보통 신체적 학대를 수반한다(Lachs & Pillemer, 1995). 대체로
정서적 학대는 언어적 또는 비언어적 행동으로, 위협이나 모욕 등의 습
관적인 언어적 공격, 노인에게 창피를 주는 것 등과 노인을 어린애처럼
취급하거나, 가족, 친구 또는 행동으로부터 고립시키는 것 등이 그 예라
할 수 있다(Paris 등, 1995). 이보다는 좀 더 소극적인 방임의 개념으로
본 정서적 학대는 의존적인 노인에게 사회적인 격려(stimulation)를 제공
하지 않는 것으로, 노인을 오랜 시간 동안 혼자 내버려두거나, 무시 또는
침묵으로 대하거나, 일상적인 정보 또는 뉴스, 일상생활사 등에 대한 얘
기를 제공하지 않는 것을 포함한다(Paris 등, 1995). 유기 또는 시설입소
또한 또 다른 정서적 학대의 한 형태로 나타나기도 한다(Lachs &
Pillemer, 1995). 그러나 눈에 띄는 신체적 학대와는 달리 구체적으로 나
타나는 행위들이 아니기 때문에 정서적 학대는 정의하기도 어렵고, 측정
하기도 어렵다.

3) 재정적 학대(financial abuse)

재정적 학대는 노인의 소득 또는 자원을 부양자의 재정적 또는 개인적 이득을 위해 오용하는 것으로, 노인의 돈 또는 재산을 훔치는 것, 어떤 재정적 문제건 강제로 처리하게 하거나, 노인의 뜻을 바꾸도록 위협하거나 또는 그 밖의 법적 절차를 통해 위협하는 것 등이 포함된다(Lachs & Pillemer, 1995). 간혹 재산상속 문제를 둘러싸고 자녀가 노부모를 학대하는가 하면 나이 든 노인이 갖고 있던 재산, 연금, 수당을 착취해 노인들을 경제적으로 곤란에 빠지게 하는 경우를 볼 수 있는데 이러한 행동이 재정적 학대의 전형이라 볼 수 있다(전길양·송현애, 1997). 이와 더불어 방임의 개념이 포함된 재정적 학대는 노인의 건강과 복지를 유지하거나 회복하는 데 필요한 자원이나 자금이 제공되지 않는 것으로 (Paris 등, 1995), 노인이 일정한 생활을 유지하는 데 필요한 생활비나 용돈을 주지 않는 것과 같은 것이 속한다고 볼 수 있다.

종합적으로, 본 연구에서는 정서적 학대의 개념을 노인에게 심리적 고통을 야기하는 언어적, 비언어적 행동과 노인에게 사회적인 격려 등을 제공하지 않아 심리적으로 방임을 야기하는 행위 모두가 포함된 것으로 보고자 한다. 그리고 노인을 때리거나, 밀치고, 꼬집고, 강제로 구금하는 등과 같은 구타행위는 우리 사회에서 드물게 나타나고 있기 때문에 본 연구에서는 방임의 개념 속에 포함되는 소극적인 의미의 신체적 학대 내용만을 포함하여 신체적 학대로 분류하였다. 마지막으로 재정적 학대는 노인의 소득 또는 자원을 부양자가 오용하는 것과 일정한 생활을 유지하는 데 필요한 생활비나 용돈을 주지 않아 재정적으로 방임을 하는 행위 모두를 포함하여 개념 정의를 하고자 한다.

2. 노인학대의 실태

1) 노인학대의 발생빈도

미국에서는 노인학대 사례의 발견 즉시 보고해야 하는 의무보고법 (mandatory reporting legislation)이 1981년부터 제정되고(Salend 등, 1984), 노인학대 사례를 쉽게 구별지을 수 있도록 하는 측정도구들이 계속해서 개발 되어왔다(Quinn & Tomita, 1986; Hwalek & Sengstock, 1986; Steinmetz, 1988; Breckman & Alderman, 1988; Reis & Nahmiash, 1998). 그러나 이 러한 법안 제정이나 도구들의 개발에도 불구하고 노인학대 문제는 가족 내의 문제이기 때문에 이를 밖으로 드러내서는 안 된다는 생각, 부모로서 자식을 고발하는 데 따르는 죄책감, 보복이나 상황의 악화로 더 학대를 받 을지 모른다는 두려움 등과 같은 장애물로 인해 여전히 피해자나 학대자 의 인구학적 배경, 원인, 문화적 태도 등에 관해 정확히 조사되지 못하였 고, 또한 각각의 연구마다 제각기 다른 개념, 방법론을 가지고 설명을 하 기 때문에 구체적으로 노인학대가 어느 정도 발생하고 있다라는 주장을 내세우기가 어려운 숨겨진 문제임이 인정되고 있다.

또한 미국의 Alabama주에 거주하는 의사들을 대상으로 조사한 Daniels 등(1989)의 연구결과 대부분의 의사들은 자신들이 의무적인 보고자라는 인식이 낮았으며, 그나마 학대로 인정한 사례조차 이것이 맞는지 아닌지에 대한 혼란을 겪거나, 그 뒤 어떤 절차를 행해야 하는지에 대해 잘 모르겠다 는 응답을 하였다. 또한 사례를 신고한 뒤 오히려 환자 및 보호자와 관계가 악화되는 경우가 많기 때문에 그냥 모른 척 하겠다라는 경우도 꽤 많은 것 으로 나타나, 노인학대 사례를 발견하는 일도 어렵지만, 발견이 된다하더라 도 그 뒤 사후처리에 있어서 많은 장애가 있음을 알 수 있다.

이러한 연구의 어려움을 기초로 지금까지 시도된 선행연구 결과 학대
피해자의 75%가 학대자와 함께 살고 있으며, 두 세대가 떨어져 살 때보다
는 함께 살 때 폭력이 더 많이 일어난다고 나타나며(Douglass, 1989;
Pillemer & Wolf, 1989; Pillemer & Suitor, 1992; Lachs et al., 1997;
Wiehe, 1998; 김미경, 1998), 가해자의 과반수 이상이 가족 특히 성인자녀
인 것으로 나타났다(O'Malley, 1979; Sengstock et al., 1981; Steinmetz &
Amsden, 1983; NCEA, 1994; Hwalek et al., 1996; 박준기, 1998). 그러나
몇몇 연구결과 노년기 배우자 학대 역시 심각한 것으로 나타나(Pillemer
& Finkelhor, 1988; 김재엽, 1998), 이것이 결혼생활 전반에 걸쳐 진행된
학대의 연장인지, 노년기 때 발생할 수 있는 배우자의 의존성 등과 같은
요인으로 인해 학대가 일어나고 있는지에 대해서는 계속해서 연구가 되어
야 하는 것으로 피력되었다. 이와 마찬가지로 노인학대는 학대자와의 동거
및 별거와 관계없이 발생할 수 있다는 연구결과(전길양·송현애, 1997)도
있었으나, 이는 학대 형태에 따라 매우 다양하게 나타나고 있다. 즉 신체
적, 정서적 학대는 자녀와 함께 살 때 더 많이 발생하며, 재정적 학대는 노
부부 또는 혼자 살 때 더 많이 발생하는 것으로 나타나(김미경, 1998), 가
해자가 누구이며, 동거 및 별거 형태는 여러 가지 학대 유형에 따라 다르
게 나타날 수 있음을 알 수 있다. 그러나 지금까지 노인학대의 위험요인
중 가장 강한 지지를 받아오고 있는 요인은 가해자와 함께 사는 거주형태
이며(Lachs & Pillemer, 1995), 이와 더불어 가해자의 50%가 성인자녀이
고, 특히 아들은 신체적 폭행을, 딸은 방임을 하는 경향이 큰 것으로 나타
나고 있다(Steinmetz, 1990).

이와 더불어 지금까지 조사된 국내의 선행연구들을 살펴보면 연구대상
자가 가정 내 노인, 요양원에 거주하는 노인, 실제 학대 피해자, 부양자
그리고 기관(경찰서, 법원, 병원, 사회복지시설 등)에서 근무하는 사람
등 그 내용이 매우 다양함을 알 수 있으며 이에 따라서도 그 정도 및 수

치가 다르게 나타남을 알 수 있다(〈표 2〉 참조). 전반적으로 서구의 연구에서는 다른 유형의 학대보다 신체적 학대가 더 많이 일어나고 있는 것으로 나타난 반면(Lau & Kosberg, 1979; Douglass, Hickey & Noel, 1980; Family Service Association of Greater Lawrence, 1980; Pillemer & Finkelhor, 1988), 우리나라의 경우 대개 정서적 학대가 훨씬 더 많이 일어나는 것으로 나타났다(한동희, 1996; 이영숙, 1997; 김현수, 1997; 반형욱, 1997; 전길양·송현애, 1997; 김한곤, 1998; 이성희·한은주, 1998). 그러나 신문에 기사화된 내용들을 분석한 박준기(1998)의 연구결과 신체적 학대가 가장 많은 것으로 나타나, 실제로 미국보다 우리나라에서 노인에 대한 신체적 학대가 덜 일어나고 있다라고는 단정지을 수 없으며, 최근 미국의 연구결과에서는 방임이나(National Center on Elder Abuse, 1994; Lachs 등, 1997), 재정적 학대(Neale 등, 1996)의 비율이 좀 더 높은 것으로 나타나 어느 유형의 학대가 가장 심각하다고 결론을 내리기가 어려움을 알 수 있다.

실제로 민족에 따라 노인 학대 경험이 차이가 나는지를 살펴보기 위하여 선진국인 미국과 개발도상국인 코스타리카 두 나라를 함께 비교 조사한 Gilliland와 Jimenez(1996)는 미국에서는 신체적 학대가 더 많이 일어나고, 코스타리카에서는 언어적 학대가 더 많이 일어나고 있다고 하였다. 이들은 두 나라 모두 노인학대가 하나의 문제로 나타나기는 하지만, 문화적 차이(개인주의 대 가족주의), 구조적 차이(거주형태 대 노인의 경제적 의존) 등과 관련지어 노인학대의 실태가 다르게 나타남을 강조하였다. 또한 Beasley와 Carlson(1998)은 노스캐롤라이나주 내 백인 집단(424명)과 흑인 집단(318명) 그리고 두 원주민 집단(202명)을 대상으로 조사한 결과, 다른 두 인종집단에 비해 특히 효 문화가 깊은 두 원주민 집단이 더 많이 학대를 받아본 경험이 있다거나, 누군가를 학대해 본 적이 있는 것으로 나타났으며, 두 원주민 집단 사이에서도 학대에 대한 경험

및 태도에 있어서 차이가 있는 것으로 나타났다. 즉 빈곤, 친족체계의 약화, 스트레스의 급상승, 노인들의 의존성 증가, 과학의 부정적 효과 등이 결국 미국 원주민 내 문화 속에서 노인들의 지위를 변화시켜 기존에 갖고 있는 노인에 대한 규범만으로는 노인들을 보호할 수 없음이 피력되었다. 이러한 다민족 간 또는 다문화 간에 노인학대의 발생빈도가 어떻게 다르게 나타나는지에 대한 중요성이 최근 들어 부각되기 시작하였고, 몇몇의 연구들이 시도되어졌으나(Hudson, 1994; Hudson & Carlson, 1994; Moon & Williams, 1993; Gilliland & Jimenez, 1996 Beasley & Carlson, 1998), 여전히 그 차이에 따른 원인이 무엇인지에 대해 밝히기는 미흡한 실정이라 볼 수 있다.

노인학대가 숨겨진 문제라는 것을 감안한다면 지금까지 보고된 것을 훨씬 상회하는 수치가 보여질 수 있다라는 가능성을 생각해야 할 것이다. 과거에 비해 학대비율이 늘어나고 있는지 아닌지를 결정하는 것은 어렵다. 그러나 현 사회 내에서 눈에 보이지 않는 노인들이 가족들로부터 신체적이건, 정서적이건 또는 재정적이건 학대를 받고 있다는 사실은 의심할 여지가 없다. 그러므로 계속해서 정확한 개념하에 노인학대의 발생빈도 및 실태를 파악하고, 이러한 현상에 대한 체계적인 기초 작업은 앞으로 이들에 대한 정책이나 중재방안 개발에 있어서 매우 중요한 자료가 될 수 있을 것이다.

〈표 2〉 국내의 연구에서 나타난 노인학대의 실태

연구자(연도)	조사대상	조사결과
1. 국외		
Baltimore City Police Department (1978)	·60세 이상의 노인에게 가족이 폭행을 가한 사례 149개 조사	·성인자녀: 62.7%
O'Malley (1979)	·Boston, Massachusetts ·의료계 직원·사회서비스 전문가·훈련조수 등 ·1,000여 명(우편조사)	·183개의 학대사례 발견 ·학대자와 거주 (75%) ·학대자가 가족 중 한 사람으로 나타남 (80%)
Lau & Kosberg (1979)	·Ohio, Cleveland ·만성질병센타(Chronic Illness Center) ·39개의 학대사례 수집	·신체적 학대 (3/4) ·정서적 학대 (50% 정도) ·가족과 함께 거주하는 10명의 노인 중 1명이 학대를 받고 있다고 추정
Douglass, Hickey & Noel (1980)	·전문분야에 있는 사람들 (법관, 경찰, 의사 등) ·228명(반구조화된 면접법)	·신체적 노인학대 (17%), 언어적/정서적 학대 (44%)
Family Service Association of Greater Lawrence (1980)	·Massachusetts ·50사례 조사	·가족에 의한 신체적 학대 (8명) ·신체적으로 의존을 하고 있는 가족원에 의한 방임 (3명) ·비가족원에 의한 신체적 학대 (4명)
Sengstock et al. (1981)	·Detroit ·노인학대 피해자 조사	·노인학대가 일어나고 있는 가족들 중 50%가 10개 이상의 또 다른 문제를 가지고 있는 것으로 나타남. ·가해자의 대부분이 가족구성원이고, 그 중 50%가 성인자녀인 것으로 나타남 (아들: 신체적 폭행, 딸: 방임이 많음).
Gioglio & Blakemore (1983)	·New Jersey주에 거주하는 노인 342명 조사	·5명만이 학대 피해자로 보고됨 ·이를 통해 1,000명당 15명이 학대 피해자라는 추정치 산출
American Public Welfare Association and National Association of State Units on Aging (1986)	·1983년~1984년 노인학대로 기록된 자료 수집 ·29개의 주에서 데이터 제공	·13개 주: 비공식적 부양자에 의해 가해지는 학대와 방임, 자기학대를 모두 포함하고 있다. ·비공식적 부양자에 의해 나타나는 발생률 (1,000명당) : 미네소타 .02~캘리포니아 1.9

연구자(연도)	조사대상	조사결과
Pillemer & Finkelhor (1988)	· Boston · 무작위 표집 · 2,020명의 노인 조사	· 65세 이후 한 가지 형태 이상의 학대를 경험한 비율: 2% · 신체적 학대 (2.2%)〉언어적 공격(1.1%)〉방임(0.4%) · 학대자: 2/3가 배우자, 나머지는 성인 자녀
Pillemer & Moore (1989)	· 요양원 내의 학대 실태 조사	· 직원에 의한 정서적 학대 (81%)〉신체적 학대(36%)
National Center on Elder Abuse (1994)	· 20개의 주를 대상으로 표집 조사	· 86년 이후 가정 내 노인학대 피해자가 급격히 증가 (106.0%) · 1994년 노인학대 피해자는 약 820,000명으로 추정 · 방임(58.5%)〉신체적 학대(15.7%)〉재정적/물질적 착취 (12.3%)
Shiferaw et al. (1994)	· Forsyth County Department of Social Services에서 3년 동안 표집된 사례 123개에 대한 추후조사 실시	· 23개(19%)만이 재확인 · 12개의 사례가 자기방임 · 11개의 사례(배우자(27%)〉자녀/손자녀 (18%)〉그 외 가족원(18%)〉친구/이웃 (9%)〉고용된 부양자(9%)〉관할지역 부양제공자(9%)〉요양원 종사자(9%))
Neale et al. (1996)	· 1989년~1991년 · 3,727명의 학대피해자 조사	· 재정적 착취(49%)〉정서적 학대(36%)〉방임(33%)
Lachs et al. (1997)	· 코네티켓주에서 9년 동안 옴브즈맨을 통하여 추적조사 실시	· 2,812명 중 47명이 학대와 방임으로 판명 · 방임(30명, 64%)〉학대(9명, 19%)〉착취 (8명, 17%) · 가해자: 성인자녀(45%)〉배우자(26%)〉손자녀와 유급부양자도 조금 포함됨
2. 국내		
형사정책연구원 (1995)	· 서울시 · 60세 이상의 노인 · 600명	· '나는 나를 돕거나 보호해주는 사람으로부터 없어져 주었으면 하는 느낌을 받은 적이 있다' (17.3%) · '2~3일 이상 혼자 집에 내버리진 적이 있다' (14.8%) · '나는 나를 돕거나 보호해 주는 사람이 부양을 꺼려 거처를 여러 번 옮긴 적이 있다' (14.6%)

연구자(연도)	조사대상	조사결과

한동희 (1996)	· 경남지역
	· 65세 이상 노인
	· 학대 경험이 있는 54명
	  유의표집(질적연구)
		· 정서적 학대(35건)>방임(33건)>경제적 학
		  대(10건)>언어적 학대(9건)>신체적 학대
		  (3건)

이영숙 (1997)	· 군산시에 거주하는 며느
	  리와 동거한 경험이 있
	  는 여성노인 117명
		· 고부관계에서 발생할 수 있는 학대 조사
		· 70%: 심하지 않다고 여길 수 있는 행
		  동들을 경험
		· 정서적 학대(117명, 100%)>언어적 공격
		  (84명, 71.8%)>신체적 학대 (7명, 6.0%)

김현수 (1997)	· 서울시
	· 65세 이상 남녀노인
	· 80명 조사
		· 학대를 한 번이라도 받은 경험이 있다
		  (43.8%)
		· 심리적 학대(28명, 35.0%)>경제적 착취
		  (18명, 22.5%)>언어 학대(12명, 15.0%)>
		  방임(15명 18.8%)>신체적 학대(0명, 0%)

반형욱 (1997)	· 충남 대전 무인가 노인
	  수용시설 거주노인
	· 129명
		· 정서적 학대 (32명, 24.8%)>경제적 학대
		  (24명, 18.6%)>신체적 학대 (11명, 8.5%)

전길양·송현애
(1997)
	· 서울, 수도권지역 거주
	· 기혼성인남녀 291명 노
	  인 160명 조사
		· 성인남녀의 노인홀대 목격 사례
		  심리적 학대(31명, 26.3%)>심리적
		  방임(26명, 22.0%)>신체적 방임(21명,
		  17.8%)>신체적 학대(14명, 11.9%)>재정적
		  방임(10명, 8.5%)>재정적 학대(5명,
		  4.2%)>유기(3명, 2.5%)
		· 노인의 노인홀대 목격 사례
		  심리적 학대(16명, 23.1%)>신체적
		  방임(13명, 20.0%)>재정적 학대(11명,
		  17.0%)>재정적 방임(11명,
		  17.0%)>심리적 방임(8명,
		  12.3%)>유기(2명 , 3.1%)

박준기 (1998)	· 한 개의 일간지 선정학
	  대 사례 분석
		· 신체적 학대(93건)>자기학대(32건)>심리·
		  정서적 학대(23건)>경제적 학대(20건)
		· 학대유형별 가해자:
		  아들 (신체적, 심리·정서적 학대와 유
		    기, 경제적 학대의 주 행사자)
		  딸 (부양거부의 주 행사자)
		  며느리 (방임과 부양거부의 주행사자)

김재엽 (1998)	· 전국 조사 · 144명	· 지난 1년간 부부폭력을 경험한 적이 있 다 (21%)

연구자(연도)	조사대상	조사결과
김한곤 (1998)	· 대구 · 20-60세 미만 성인조사 · 587명	· 성인의 30.4%가 노민학대를 직접 목격한 것으로 나타남 (언어적 학대(50%))〉방치(29.8%)〉경제적 착취(16.3%))〉육체적 학대 (3.9%))
이성희·한은주 (1998)	· 서울시 거주 · 반드시 노인 한 명 이상과 동거하고 있는 40세 이상의 기혼남녀 · 200명	· 심리적 학대 및 방임(평균: 4점 만점에 1.85점)〉신체적 방임 (1.71점)〉재정적 학대 및 방임(1.27점))〉신체적 학대 및 유기 (1.19점)

2) 학대에 대한 노인의 태도

노인학대에 대해 노인 자신이 어떤 태도를 갖고 있고, 어떻게 영향을 받고 대응하는 지에 대한 연구는 그리 많지 않다. 그럼에도 불구하고, 노인들이 학대에 대해 어떤 태도를 가지고 있는지는 역으로 노인학대 문제가 어느 정도 발생하고 있는지에 대한 정보에 영향을 미치리라 여긴다.

학대를 당했을 때 노인이 취하는 행동을 보면(Lau & Kosberg, 1979), 학대당한 노인들 중 그 사실을 부정하려는 노인이 가장 많고 그 다음에 체념, 위축, 공포, 우울, 분노 등의 반응이며 외부에 도움을 요청하겠다는 반응은 그렇게 높지 않음이 밝혀졌다. 이러한 결과는 Chen 등(1981)의 조사에서도 밝혀졌다. 즉 전체 피해자의 60%가 위축반응을 보였고 분노나 공포, 우울 등의 반응이 많은 반면 도와줄 수 있는 곳을 찾는 노인은 학대당한 노인의 17%밖에 되지 않음을 밝혀서 학대당한 노인이 외부의 요청을 청하는 등 적극적인 방법을 잘 사용하지 않는다고 밝혔다. 이러한 결과는 미국 내에 거주하는 한국계, 흑인계, 백인계 노인을 대상으로 조사한 연구(Moon & Williams, 1993)에서도 비슷한 맥락을 찾아볼 수 있었는데 특히 다른 민족들에 비해 한국계 노인들이 주어진 상황을 참고 넘어가겠다는 것으로 나타났다. 이는 개개인의 복지보다는 가족의 평화와 조화를 더 중요하게 여기는 문화적 속성에 의한 것으로 해석되었다. 같은 내용으로 한국의 60세 이상 여성노인을 대상으로 노인학대에 관한 인식과 원조요청 태도를 조사한 최해경(1993)의 연구결과 노인들은 성적 학대, 재정적 착취, 신체적 학대, 의료적 방임, 신체적 방임과 같은 신체 및 재산에 대한 침해, 방임에는 민감한 반면 수발상황에서의 신체구금 혹은 권리침해, 비신체적인 학대에는 관대한 것으로 나타났다. 또한 의료적 방임, 성적 학대, 심한 재정적 착취에는 원조요청을 하겠다는 의지가 강하였으나, 정서적 학대나 약한 정도의 재정적 착취상황에서는 원조요청을 하겠다는 의지가 약한 것으로 나타났다.

Johnson(1995)은 노인과 주부양자를 대상으로 학대에 대한 태도를 조사하였는데, 그 결과 많은 노인들이 노인학대가 양로원에서 매우 많이 일어나고 있고(45.9%), 성인자녀의 집에서도 꽤 빈번히 일어나고 있다(27.3%)고 응답한 반면, 부양자는 노인 자신의 집(41.6%)이나 양로원(37.5%)에서 빈번히 일어나지만 성인자녀의 집에서는 거의 노인학대가 일어나지 않는다고 응답하였다. 또한 부양자에 비해 노인이 학대를 매우 중벌로 다스려야 한다고 하였으나, 노인과 부양자 모두 노인학대를 하나의 범죄 또는 사회문제, 가족문제로 보고 있는 것으로 나타났다. 그리고 부양자들은 대부분이 법체계가 다른 연령집단에 비해 노인집단을 더 소홀히 대하고 있다고 여겼지만, 노인들은 가족이 노인을 더 소홀히 여기고 있다고 응답하였다. 그럼에도 불구하고 노인학대가 어떻게 처리되어야 하는지에 있어서는 노인은 사회서비스 기관이나 가족이 처리하는게 가장 좋다고 여겼고, 부양자들은 법정에서 다루는 것이 가장 좋다고 하여, 피해자와 가해자가 여러 가지 면에서 다른 태도를 갖고 있음이 부각되었다.

우리나라 한국형사정책연구원(1995)의 연구결과 노인들의 경우 일반적으로 유기, 학대를 처벌해야 하는 범주로 생각하고 있었으나, 그 피해의 원인이 가해자나 사회에 있기보다는 자신의 무능력(53.8%)으로 돌리는 경향이 많은 것으로 나타났다. 그리고 피해에 대한 대응방법으로 경찰에 알린다기보다는 아는 사람에게 하소연하겠다는 사람이 60.6%로 가장 많은 부분을 차지하는 것으로 나타났다. 그 이유로는 참는 것이 좋을 것 같다가 가장 많은 것으로 나타났다.

종합적으로 노인들은 자신들의 독립성 결여로 인해 대부분이 참는 방법을 택하는 경우가 많았으며, 그 대응방식에도 소극적인 방법을 사용하겠다는 것이 많은 것으로 나타났다. 특히 자신의 고통을 희생시켜서 가족의 화합을 강조하는 것이 바람직한 행동으로 인식되는 문화적 배경의 특성(Moon & Williams, 1993)으로 우리 사회에서는 더더욱 노인학대 문제가 장기화, 잠재화 될 수 있는 위험성이 높다. 대체로 노인학대는 반복되는 경향이 있어서 주요한 환경적 변화가 생겨나지 않는 한 계속되며 그 결과는 심각한 질병위기, 시설의 입소나 사망에까지 이르게 될 수 있다(전길양·송현애, 1997). 따라서 우리 사회에서 학대로 인한 피해자나 그 가족들이 도움을 거절하거나 소극적으로 대응하여 아무런 변화 없이 학대적인 상황이 계속될 수 있는 잠재적 위험성이 보다 클 수 있다는 점을 주목하여야 할 것이다.

3. 노인학대의 원인에 대한 생태학적 접근

1) 노인학대의 원인에 대한 적용이론과 비관적 고찰

지금까지 최소한의 기준을 충족시켜 줄 수 있는 노인학대 연구들이 꽤 있긴 하지만, 노인학대의 근본적인 원인을 이론적 모델에 근거하여 가설화해서 조사한 것은 거의 없는 형편이다. 노인학대에 관한 이론적 접근으로서 제공되고 있는 연구는 다른 학대 영역에 비해 그 숫자가 적지만 (Pedrick-Cornell, 1987), 다른 가족폭력 연구를 통해 설명된 이론적 관점을 적용하여 노인학대를 설명할 수 있는 특성들을 추적해 볼 수 있다.

첫째, 정신병리학(Psychopathology)적 관점으로 이는 노인학대를 부양자의 문제로 이해하고자 하는 것이다. 즉 부양자가 알코올 또는 정신적 장애 등으로 인해 자신의 역할을 효과적으로 수행할 수 없어서 노인에게 학대적 행위를 할 수 있다는 심리사회적 문제에 초점을 두고 있다(Wiehe, 1998). 둘째, 발달적 접근(Developmental Approach) 또는 상호세대간 폭력이론(Transgenerational Violence Theory)으로도 불리우는 사회학습이론(Social Learning Theory)은 학대의 원인을 신체적, 정서적 학대가 자행되는 가정에서 자란 자녀가 스트레스 등의 문제를 해결하는 방법으로 폭력을 그대로 사용한다(Milner, 1990)고 보는 관점이다. 셋째, 사회교환이론(Social Exchange Theory) 관점은 부양을 둘러싼 권력의 역동성에서 학대의 원인을 찾는 것이다. 즉 부양자가 자신이 기대하는 만큼의 부양에 대한 대가를 받지 못하게 될 때 또는 부양자가 자신이 부당하게 행동함으로써 노인과의 관계에서 잃을 것이 전혀 없다고 판단할 때 학대가 일어난다고 설명한다(Fulmer, 1988). 넷째, 상황적 스트레스(stuational stress), 상황적 모델(situational model) 또는 사회구조적 관점(social structural perspective)은 노인을 둘러싸고 있는 일차적인 친밀한 환경에서 그 원인을 찾는 것이다. 구체적으로 노인의 의존성의 증대가 보호자에게 스트레스를 증대시켜 학대를 발생시킨다고 본다(Fulmer, 1988). 다섯 번째, 상징적 상호작용이론(Symbolic Interaction Theory) 또는 역할이론(Role Theory)은 사회적·생리적인 노화로 인해 노인이 속해있는 집단성원 간의 상호작용에서 역할기대가 변화되기 때문에 발생하는 것으로 본다(Steinmetz, 1988). 여섯 번째, 노화과정의 사회적 구성론(social construction)과 정치경제론(political economy)은 노화를 거시적인 사회적 상황에서 파악하려 한다. 연령에 기초한 편견이 노화과정의 자연스러운 산물이라기보다는 한 사회의 분업체계와 사회적 불평등 구조의 산물이라는 것이다. 즉 강제적인 은퇴와 빈곤, 가정 내 지역사회에서의 제한된 역할들로부터 '구조화된 의존성(structured dependency)'이 발생하고 이것이 학대의 원인이 된다고 본다.

그러나 이들 이론적 설명들이 갖는 주 문제는 가설 또는 설명들이 경험적 탐색에 근거한 것이 아니라는 것이다. 예를 들어, 정신병리학적 가설(예: 노인학대자들은 정신병자이다)은 다른 형태의 학대에서 꽤 자주 적용되듯이 계속해서 후속 연구에 의해 지지를 받지 못하고 있다. 또한 사회학습이론적 가설(예: 폭력형태는 세대에서 세대로 전달된다) 역시 다른 형태의 가족폭력에 관한 연구(Milner, 1990; Cox, 1996)에서 폭력을 휘두르는 성인 모두가 자신이 어렸을 때 가족 내에서 폭력을 경험한 것은 아닌 것으로 나타났다. 또한 매를 맞는다는 것은 의도적으로 신체적인 상해를 가하는 것이기 때문에, 폭력의 전이를 내세워 현재의 가해자에게 초점을 두지 않고, 피해자를 비난하는 결과를 초래할 수 있다는 비판을 받고 있다(Pagelow, 1984). 그리고 사회교환이론적 관점은 노인과 전 생애에 걸쳐서 관계를 유지해왔고 연대감을 갖고 있는 자녀, 배우자와 같은 친족보다는 며느리와 같은 인척의 경우 공평성과 보상이라는 개념에 더 민감하다는 점에서 볼 때 이 이론은 자녀나 배우자로부터의 학대보다는 기타 부양자에 의해서 발생하는 학대를 설명하는 데 설명력이 더 높아질 수 있다는 제한점을 들 수 있다(Fulmer, 1988). 상황적 스트레스 이론 역시 상황적 스트레스가 반드시 학대를 일으키는 원인은 아니며, 방임이나 기타 비신체적인 형태의 학대를 설명하기에는 제한점이 있는 것으로 나타났다(Hickey & Douglass, 1981; Fulmer, 1988). 마지막으로 학대는 노인을 부양하는 가족들을 도와줄 수 있는 사회적 서비스가 불충분하기 때문에 일어난다는 관점은 사회 내 노인의 지위를 기초로 한다거나, 전형적인 노인의 가족상황을 기초로 한 것들이다(Pedrick-Cornell, 1987). 따라서 이런 가설들은 경험적인 명확성이 부족하고, 사례마다 그 특성이 달라 한 가지 이론으로 설명되지 못하는 부분이 있다.

노인학대의 원인은 여러 가지 원인들이 복합적으로 작용하기 때문에 한 가지의 적용이론만으로는 한계가 있다고 지적한 Hickey와 Douglass(1981)는 여러 이론적 관점들을 혼합하여 인생주기모델(Life-Cycle Model)[1]을 제안하기도 하였다. 그러나 이 모델 역시 단지 제안일 뿐이지, 이에 대한 실증적인 접근은 시도되지 못하였기 때문에 이 이론적 틀을 구체화시키는 단계까지는 이르지 못하였다.

지금까지 국내외에서 이론적 접근을 통한 연구가 많이 이루어지지 않은 이유도 있겠지만, 이처럼 학대의 원인에 접근하기 위해 사용되는 이론이 각기 다르고, 각 이론의 독특성으로 인해 지엽적인 원인분석에 그치고 있음으로 해서 관련연구의 결과에 있어서도 불일치되는 측면이 나타나 노인학대의 원인에 대한 명확한 규명이 이루어지지 못하고 있다.

따라서 가족 내 학대의 원인을 밝히는 데 있어서 좀 더 통합된 접근법이 필요하다는 인식의 증가(Kemp, 1998)와 더불어 노인학대의 원인 역시 관련된 원인을 가능한 모두 포괄하면서, 동시에 실질적인 경험연구가 가능한 이론적인 모델을 구성하는 것이 필요하다 여긴다. 예를 들어 노인 개인의 특성, 노인을 부양하는 부양자의 특성, 노인과 부양자와의 상호작용 그리고

---

1)

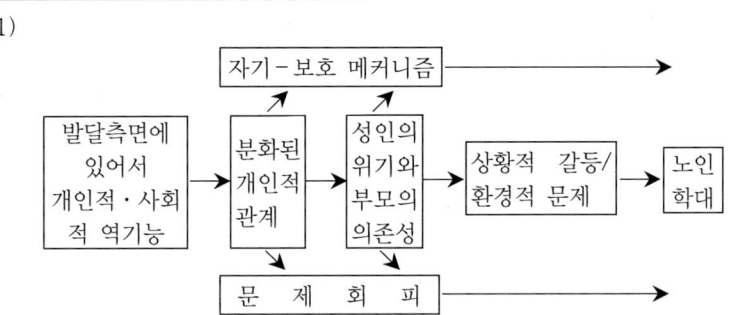

그들을 둘러싼 사회경제적인 맥락 속에서 파악될 때만이 노인학대에 대한 심층적인 이해가 이루어질 수 있을 것이다. 이와 같은 통합적인 모델에 대한 명칭으로 "사회적 심리적(Social Psychological)"(Burgess & Conger, 1978) 또는 "생태학적 통합(Ecological Intergration)"(Belsky, 1980), 사회 상호작용적 모델(Social Interactional Model)(Mlner, 1990)을 들 수 있다. 이들은 아동학대를 설명하기 위해 개발된 것이기는 하지만, 이것이 노인학대를 설명할 수 있는 모델의 형성에 영향을 줄 수 있으리라 여긴다(Milner, 1990에서 재인용). 일반적으로 이들은 학대보다 우위에 있는 사회적 상호작용들의 중요성을 강조할 뿐만 아니라 학대가 계속해서 일어나게 하도록 하는 요인을 강조한 모델이다. Phillips(1986)는 사회상호작용적 모델의 한 형태로 사회상황적 모델(Social Situational Model)을 제시하였는데, 이는 가해자의 특성(가족폭력의 역사, 사회적 고립, 부양으로 인한 소모 등), 구조적인 요인들(경제적, 환경적 요인들) 그리고 취약한 노인들이 학대를 받을 가능성을 증가시키는 여러 상황적 요인들을 포함하고 있다.

이러한 맥락에서 Kemp(1998)는 가족 내 학대를 이해하는 데 있어서 생태학적 모델(Ecological Model) 또는 체계적 접근법(Systems Approach)이 유용하다는 제안을 하였다. 이 접근법은 인간의 행동을 개인, 가족, 지역, 사회 등과 같은 환경과 결부시켜 이들 상호간의 지속적인 상호작용과 역동성을 다룸으로써 전체론적인 관점을 강조한다. 이와 같은 생태학적 접근에서는 폭력이 발생하는 즉각적 상황, 그 가족들의 상황, 이웃, 사회적 연결망 그리고 폭력을 발생시키는 문화적 가치관 등이 영향을 주어 가정폭력이 발생한다고 봄으로써 학대의 원인을 개인적 차원, 가족체계적 차원, 사회적·문화적 차원으로 설명하고 있다. 그래서 노인학대의 원인을 노인 자신이나 부양자의 개인적인 특성 그리고 가족체계의 특성에 초점을 두는 동시에 더 큰 사회적인 맥락에서 그 같은 문제가 초래된 본질적인 영향이 어디에 있는가를 다루게 되어, 노인 자신

만의 특성이나 또는 부양자만의 특성만 살펴보는 단편적인 접근방법보다
는 좀 더 거시적으로 노인학대의 원인을 규명해 줄 수 있을 것이다.

2) 생태학 이론과 노인학대의 원인에 대한 접근

여러 학문 분야 중에서 비교적 짧은 역사를 지닌 생태학(Ecology)[2]은
오늘날에 이르러 하나의 유행과학으로 여러 학문 분야에서 접근하여 연
구되고 있다(문수재, 1980).

사회과학의 한 분야로써 초기에 생성된 인간생태학은(Human Ecology)
은 1920년대 초반 미국 도시의 특성을 관찰하는 과정에서 나타났으며, 시
카고 대학의 사회학 전공자인 Park와 Burgess에 의해 채택되어 사용되었
다. 이들의 초기 연구결과를 바탕으로 Mckenzie, Zorbaugh, Hawley 등으로
이어지는 시카고 학파의 사회학적 인간생태학 이론이 그 이후 자리 잡게
되었다. 인간생태학은 안정성・항상성을 유지하고 환경의 변화에 성공적으
로 적응하기 위해 피드백 기제(feedback mechanism) 및 행동의 적응 기제
를 가져야 한다는 것을 기본 개념으로 하고 있다(이연호・박미석, 1997).
Bubolz와 Sontag(1993)가 개발한 인간생태학 모델[3]에서 인간은 사회적,

---

2) eccology라는 어원은 그리스어의 oikos(house, 집이라는 뜻)와 logos(science, 과
　학)라는 두 말이 이어져 나온 말이다. ecology라는 말의 사용은 1866년 독일의
　생물학자 Ernest Haeckel이 자연의 관리에 관한 다윈의 연구를 근거로 하여
　생물과 그 생물의 자연환경과의 관계를 연구하는 과학이라는 개념하에서 하나
　의 학문분야로 처음 소개하였다. 따라서 생태학은 살아있는 모든 생물, 동물,
　식물 그리고 이들을 둘러싼 환경 및 생물체들이 갖는 상호 관계를 다루는 학
　문이다(문수재, 1980).

3) 이들은 유기체를 인간환경단위(HEU: Human Environed Unit)로 규정하고, 이
　유기체를 둘러싼 환경을 인간행동환경(HBE: Human Behavior Environment),
　인공환경(HCE: Human Constructed Environment), 자연환경(NE: Natural
　Environment)으로 세분화시켜 공간적 차원에 관심을 갖고 인간관계나 환경에
　대한 인간의 적응 및 조절에 영향을 미치는 문화와 가치를 고려하는 인간생태
　체계모델(Human Ecosystem Model)을 만들었다(손정영, 1998에서 재인용).

물리적, 생물학적 존재로서 자연적인 물리적, 생물학적 환경, 인공환경, 사회문화적 환경과 계속해서 상호작용 하는 것으로 보았다(손정영, 1998에서 재인용).

이러한 인간생태학 모델을 바탕으로 오늘날 가정학에서 사용하고 있는 가족생태학 이론은 60~70년대 무렵부터 시작된 Bubolz와 Paolucci로 대표되는 미시간 주립대의 가족학 연구자들의 노력에 힘입은 결과라 할 수 있다. 이들은 생물학에 적용되었던 생태학, 그리고 사회학의 한 분야로 간주되는 인간생태학과 일반체계이론에서 그 기본 되는 가정과 개념, 용어들을 통합하여 가족생태학이라는 이론적 기반을 마련하고 가족연구에 관하여 새로운 입장을 표명하였다. 미시간 학파가 표방한 새로운 입장이란 가족현상에 대한 연구 접근은 변수 간의 단순한 인과관계나 상관관계의 규명보다는 가족체계의 상호 의존성과 상호작용성에 초점을 두는 전체성(wholeness)적인 측면에서 연구되어야 한다는 것이다. 이러한 관점에서 가족생태학적 접근법은 가족과 그 구성원 그리고 그들을 둘러싼 환경 간에 존재하는 생물학적·물리적 차원을 강조하며, 이것과 더불어 가족의 심리사회적 성격과 상호작용적 측면을 강조한다. 그러므로 이 접근법에서는 가족이 갖는 물리적 자원의 기반과 환경 내 다른 체계와의 상호작용 및 교류가 상당히 중요하다(한국가족학연구회, 1991).

가족자원관리, 인간발달, 가족관계를 통합시키는 개념은 가족생태학적 관점에서 중심적인 축이 된다 할 수 있다. 개인은 점진적으로 신체적, 사회적, 정서적, 인지적 수준에서 보다 분화되고 복잡한 환경과 더 많이 상호작용 할 수 있게 된다. 발달해가는 인간은 다양한 수준의 환경으로 움직이는 것뿐만 아니라, 그러한 환경을 재구조화시킨다는 점에서 역동적이라 볼 수 있다.

Bronfenbrenner는 이러한 주장을 뒷받침하기 위하여 인간발달 생태학이라는 모형[4]을 제시하였다. 가족생태학적 관점에서 가장 많이 이용되고

있는 인간발달 생태학은 인간을 독립된 유기체로서보다는 환경과의 상호
작용적인 산물로 보고 인간발달을 변수 간의 인과관계보다는 상호 의존
성과 상호작용성의 전체성 안에서 검증되어야 한다고 주장한다. 또한 인
간과 환경 간의 평생을 통한 상호호혜적인 조절과정에 초점을 맞추는 보
다 광범위한 접근법이다(Bronfenbrenner, 1992; 손화희·정옥분, 1999에
서 재인용). Bronfenbrenner는 인간발달의 탈맥락적이지 않은 환경을 네
가지 환경체계(미시체계, 중간체계, 외체계, 거시체계)로 묘사하였고, 이
체계들은 "러시아 인형처럼 차례로 끼워 맞춘 일련의 겹구조"로 이루어
졌다고 하였다. 이와 같은 환경세분화 작업과 더불어 Bronfenbrenner와
Cochran(1976)은 이 체계들의 속성을 50가지의 기본 가설로 설명하면서

---

4) 인간발달생태학적 관점에서의 생태학적 환경은 발달하는 개인에게 영향을 미
  치는 즉각적인 상황, 즉 개인이 반응하는 대상이나 그가 얼굴을 마주 대하고
  상호작용 하는 사람들을 초월한 훨씬 확대된 개념으로 정의된다. 여기서 또한
  중요시되는 것은 그 장면(setting)에 함께 있는 또 다른 사람들 간의 관계, 그
  관계의 본질 그리고 그 관계가 직접 그 개인을 다루는 사람들에게 영향을 줌
  으로써 발달하는 사람에게 간접적으로 주는 영향들이다. 인간발달생태학 이론
  의 구체적인 환경세분화 체계는 다음과 같다(Bronfenbrenner, 1979; 이영,
  1992에서 재인용).
  ① 미시체계(microsystem): 즉각적인 환경 내에서의 상호 관계들의 복합체, 즉
    개인을 둘러싼 직접적 환경 내의 활동, 역할, 대인관계 유형 등을 말한다.
  ② 중간체계(mesosystem): 발달하는 개인이 실제로 참여함으로써 그 사람의
    직접적인 환경에서 무엇인가 일어나도록 영향을 끼치는 경우로, 성장하는
    유기체가 참여하는 두 가지 이상의 환경에서 일어나는 과정과의 상호작용
    이나 상호 관계를 의미하는데, 이것은 고정된 형태가 아니라 가변적이고 이
    동적이다.
  ③ 외체계(exosystem): 성장하는 유기체가 적극적으로 참여자로 관여하고 있
    지는 않지만 개인이 속해 있는 최근접 환경을 둘러싸고 있는 환경으로써,
    이 환경에서 일어나는 일에 영향을 주거나 영향을 받는 사건이 발생하는
    환경을 의미한다. 의도적으로 구조화되거나 지역사회에서 구체적으로 작용
    하고 있는 주요 사회기관이 이 환경의 범위에 포함되며, 보다 구체적으로는
    친구나 이웃, 대중매체, 정부기관, 상품과 용역의 분배체계, 교통통신시설
    등을 들 수 있다.
  ④ 거시체계(macrosystem): 민족집단체계와 같이 특정문화의 유형들로 각 문
    화 속에 내재화되어 있는 신념체계나 이데올로기 등을 포함한다.

가족연구에 있어서 이 인간발달 생태학 이론의 유용성을 강조하고 있다 (손정영, 1998에서 재인용).

Bronfenbrenner의 인간발달 생태학 이론은 인간행위 및 상호작용의 영역에 따라 환경을 구분하고 있어 인간생태학적 이론보다 환경에 대한 체계구분이 보다 융통성이 있고 역동적이다. 예를 들어, 학교라는 공간을 Bubolz의 이론으로 분류하면 고정화된 인공환경에 속하지만, Bronfenbrenner의 이론에서는 환경에 대한 행위자의 개입수준에 따라 달라진다. 즉 취학 전 아동에게 있어서는 그것이 외체계의 성격이 강하지만 취학하여 학교를 다니는 연령이 되면 학교라는 환경은 일상적으로 접하는 미시체계로 바뀌는 것이다(손정영, 1998에서 재인용). 이러한 예처럼 하나의 환경이 모든 인간에게 동일한 영향력을 발휘한다고 볼 수 없으므로 가족학대와 같은 인간행위를 연구하는 데 있어서는 환경과의 상호작용에서 인간의 능동성을 강조하는 Bronfenbrenner의 인간발달 생태학 이론이 보다 타당할 것이다.

종합하자면 생태학적 접근은 기존의 다양한 이론들을 바탕으로 통합적 시각에서 구축된 것이므로 다른 이론들이 갖지 못하는 포괄적 조망을 가능하게 하고, 또 개인에서 가족 혹은 보다 큰 체계에 이르는 다양한 분석단위에 적용될 수 있는 장점이 있으나, 바로 이러한 점 때문에 구체적인 실증적 자료에 의해 뒷받침되지 못하는 제약을 갖는다. 즉 개념이나 명제가 고도로 추상화되어 있고, 다양한 의미로 해석될 수 있으므로 조작화에 의한 변수로의 전환이 상대적으로 어렵다는 제한점을 먼저 염두해 두고자 한다.

지금까지 가족학대의 원인을 밝히는 데 있어서 생태학적 접근이 시도된 선행연구들(Garbarino, 1977; Rosenbaum et al., 1991; Belsky, 1993; Kemp, 1998; 손정영, 1998) 대다수가 가족생태학적 관점에서 나온 Bronfenbrenner의 인간발달 생태학을 기초로 나름대로의 환경세분화 작업을 시도한 것들이다.

Garbarino(1977)는 인간발달 생태학적 관점을 적용하여 개인적 특성(individual characteristics), 가족특성(family characteristics), 이웃지원망체계(neighborhood support systems), 아동학대에 대한 지역적 요인(the community context of child maltreatment)으로 분류하여, 아동학대의 복잡한 본질을 탐색하였다.

Belsky(1993) 역시 아동학대의 원인을 밝히기 위하여 Bronfenbrenner의 연구를 기초로 개인적 체계(ontogenic level), 미시체계(microsystem level), 외체계(exosystem level), 거시체계(macrosystem)로 구분 지었다. 개인적 체계에는 학대자의 개인적 특성변수를 선정하고, 미시체계에는 가정, 부모의 직업, 학교, 친구 등과 같은 아동의 직접적인 환경요인을 선정하였으며, 외체계에는 간접적으로 영향을 줄 수 있는 관계, 예를 들어, 법안을 변경하고자 하는 노력이라든가, 아동학대 예방 캠페인의 활성화 등과 같은 요인을 변수로 선정하였으며, 마지막으로 거시체계에는 문화, 가치, 규범, 태도, 성역할 등과 같은 광범위한 요인을 선정하였다.

Rosenbaum 등(1991)은 특정대상이 아닌 전반적인 가족폭력의 원인을 이해하기 위하여 생태학적 접근을 이용하였고, 이들은 가정 내 폭력의 원인에 기여할 수 있는 요인으로 네 가지, 즉 개인내적 요인(조사대상자의 인구학적 변수와 인성특성), 개인 간 요인(부부 또는 가족역동성), 환경적 스트레스(재정적 문제, 종교적 영향) 그리고 마지막으로 문화적 범위(법적 효력, 대중매체)를 제안하였다.

최근 Kemp(1998)는 Belsky(1993)의 틀을 기초로 이를 좀 더 단순하게 미시(micro), 중간(meso), 거시(macro) 3단계로 구분하여, 가족 내에서 일어나는 학대의 원인을 살펴보았다. 그는 미시체계에 개인적 수준의 변수들(예: 개인적 행동, 인성, 개인적 동기, 정신병리학적 측면 등)을 모두 포함시켰고, 중간체계에는 가족체계 내에서 기능하는 것들을 포함시켰으며, 거시체계에는 지역사회와 사회 내에서 일어나는 현상 등을 설명할 수 있는 요인을 포함시켰다.

우리나라에서는 최근 들어서 생태학적 접근을 통한 연구가 눈에 띄고 있다(이연호·박미석, 1997; 손정영, 1998; 손화희·정옥분, 1999). 그중 아내학대의 원인을 생태학적 접근으로 살펴본 손정영(1998)은 Bronfenbrenner의 인간발달 생태학적 모델을 바탕으로 살펴보았는데, 관련 변수로 유기체 변인(남편의 연령, 교육수준 등), 미시체계 변인(아내의 연령, 결혼지속년수 등), 외체계 변인(아내의 지역사회 서비스의 가용성), 거시체계 변인(남성우위의식, 아내학대에 대한 잘못된 믿음)으로 분류, 조사하였다.

따라서 본 연구에서는 노인학대의 원인을 단일 측면만으로 규명하기에는 한계가 있다는 취지하에, 선행연구들을 기초로 한 포괄적인 원인론의 틀을 제시하고자 한다. 이를 위해 지금까지 제시한 생태학적 접근 중, Bronfenbrenner의 인간발달 생태학적 관점을 기초로 한 네 가지의 환경체계(미시체계, 중간체계, 외체계, 거시체계)를 좀 더 단순하게 세 가지의 환경체계(미시체계, 중간체계, 거시체계)로 모형화시킨 Kemp(1998)의 모델을 근간으로 본 연구의 의도에 맞추어 변수를 구성하고자 한다.

3) 생태학적 접근을 통한 노인학대 원인의 관련변인 고찰

다음은 선행연구에서 다루어진 노인학대 관련변인을 생태학적 접근을 통한 세 가지 체계 수준별로 구분하여 고찰하고자 한다.

(1) 미시체계(The Microsystem) - 개인적 특성 변인

미시체계 변인으로 노인의 연령, 성별, 결혼상태, 교육수준, 의존성, 자아존중감을 들 수 있다.

① 성별과 연령

노인학대에 관한 연구에서 지속적으로 나오는 것은 피해자의 대부분이 고령의 여성이라는 점이다. 나이가 들수록 육체적, 정신적 손상이 증가하여 가족으로부터 보다 많은 원조를 받아야 함에 따라 학대의 위험이 더 높아진다. 또한 여성은 남성에 비해 평균수명이 길어 배우자와 사별하고 홀로 사는 경우가 훨씬 많고, 자녀와 교환할 수 있는 자원이 상대적으로 남자노인에 비해 적기 때문에 고령이며, 여자노인일수록 더욱 학대의 대상이 되는 경우가 많다고 설명되는 경우가 많다(Lau & Kosberg, 1979; Block & Sinnott, 1979; Steinmetz & Amsden, 1983; Pagelow, 1984 Pedrick-Cornell, 1987; Douglass, 1989; Talbott, 1990; Hwalek et al., 1996; Wiehe, 1998; Wolf & Li, 1999; 성향숙, 1997).

그러나 이와는 반대로 최근 성인자녀와 합께 거주하는 홀로된 남자노인들이 더 많은 학대를 받고 있다는 연구결과도 나오고 있어서(Pillemer & Finkelhor, 1988; Pillemer & Wolf, 1989; 이성희·한은주, 1998), 숫자적으로 좀 더 적은 남자노인들의 홀대 위기도 부각되고 있는 실정이다.

또한 최근에 성별이 노인학대 경혐에 유의한 영향을 미치지 않는다는 연구결과도 나오고 있어서(NCEA, 1994; Lachs et al., 1997), 연구결과 상의 불일치 양상이 뚜렷이 나타나며, 성별 자체가 영향을 미치는지, 아니면 각각의 성별에 따른 또 다른 특성이 노인학대 경험에 영향을 미치는지가 규명되어야 할 것이다.

② 결혼상태

대체로 많은 연구들은 성별에 상관없이 홀로되어 배우자 없이 성인자녀와 동거하는 노인이 그렇지 않은 노인에 비해 학대를 받기가 좀 더 쉬운 것으로 보고하고 있다(Paveza 등, 1992; Hwalek et al., 1996; Lachs et al., 1997; 한국형사정책연구원, 1995; 김미경, 1998). Texas의 성인보호서비스(Adult Protective Service)가 실시한 노인학대 연구결과에서 보면 학대 피해자의 60%가 홀로된 노인으로 나타났으며(Wiehe, 1998에서 재인용), 교환론적 관점에서 배우자를 하나의 자원으로 설명한 Morgan(1989)의 연구결과에서도 홀로된 여자노인이 자녀에 대해 좀 더 부정적인 감정 또는 불만을 느끼는 경향이 큰 것으로 나타났다(Talbott, 1990에서 재인용).

그러나 이와는 반대로 혼자 사는 노인, 즉 과부, 이혼한 사람 또는 독신자들의 학대받는 비율이 다른 누군가와 같이 사는 노인집단의 약 1/4 정도로 낮은 것으로 나타났으며, 또한 다른 사람과 함께 사는 노인들 중 배우자와 같이 사는 사람이나, 배우자 외 다른 가족원(특히 성인자녀)과 사는 노인 역시 학대의 위험에 처하기가 쉬운 것으로 나타나기도 하였다(Pillemer & Finkelhor, 1988; 김재엽, 1998).

따라서 노인의 결혼상태에 따른 학대 경험 역시 각 연구마다 일치되지 않는 결과들을 보이고 있지만, 이 요인이 학대 경험에 영향을 미치는 요인으로 작용하고 있음을 나타낸다고 볼 수 있다.

③ 교육수준

노인학대와 관련된 선행연구들에서 노인의 교육수준이 학대요인이라는 연구결과는 잘 보이지 않으나, 대개 교육수준이 낮은 노인이 학대를 좀 더 많이 받는 것으로 나타났다(Shiferaw et al., 1994; 한국형사정책연구원, 1995; 서혜경, 1995; 이선이, 1998; 김미경, 1998). 이는 대체적으로 노인의 교육수준이 다른 상황적인 변수(예를 들어, 경제적 상황, 대처자원 인지 등)에 복합적인 영향을 미칠 수 있는 변수로 작용될 수 있기 때문이라 여긴다.

④ 의존성

대부분의 연구결과 신체적, 인지적 장애를 가지고 있는 노인이 비슷한 연령이지만, 같은 장애를 겪고 있지 않은 노인보다 더 학대를 받을 가능성이 높다는 데 동의를 하고 있다(Block & Sinnott, 1979; Hickey & Douglass, 1981; Wolf et al., 1982; Pagelow, 1984; Quinn & Tomita, 1986; Pillemer & Wolf, 1986; Pedrick-Cornell, 1987; Steinmetz, 1987, 1988; Pillemer & Finkelhor, 1988; Hotaling et al., 1988; Pillemer & Suitor, 1992; Lachs & Pillemer, 1995; Neale 등, 1996; Lachs 등, 1997; Sodei, 1999; 한동희, 1996; 이선이, 1998; 이성희·한은주, 1998). 특히 종단적 연구를 한 Lachs 등(1997)의 결과는 의존성이 학대와 관련되어 있음을 잘 보여주고 있다.

청각손실, 시력약화, 힘의 약화, 심각한 또는 만성적인 질병으로 인한 신체적 의존은 보통 부양가족에게 부가적인 부담을 경험하게 만든다. 즉 관계에 대한 부양자의 대가(cost)는 증가하고, 보상(reward)은 줄어들기 때문에, 서로 나누는 교환이 불공정하다고 인지하게 되며(George, 1986; Pillemer & Suitor, 1992에서 재인용), 이것은 부양에 따른 책임감(의무감)을 줄일 수 없는 부양자들에게 폭력의 가능성을 높일 수 있을 것이다(Fulmer & O'Malley, 1987; Kosberg, 1988). 특히 노인성 치매와 같은 심각한 인지적 장애는 가족 부담을 더욱 가중시켜 학대의 위기에 더 많이 노출되게 하기 쉽다. 이들 와병 노부모로 인하여, 자녀들 편에서는 경제적 부담, 사생활의 제약, 사교활동 위축, 신체적 피로, 건강악화, 근무 및 작업능률 저하, 부부생활 및 자녀양육에 대한 지장, 정신적 부담, 다른 가족구성원들과의 갈등과 의견 충돌 등 수많은 문제가 야기된다. 뿐만 아니라 이렇게 건강이 쇠퇴한 노인이 갖는 우울증 경향, 타인에 대한 의구심 등은 평범한 가족원들로 하여금 정상적 가족관계를 유지하기 어렵게 만든다(Pillemer & Finkelhor, 1988; Paveza et al., 1992; 윤진,

1994; 한동희, 1996).

그러나 반드시 노인의 의존성이 노인학대를 일으키는 요인이 아니라는 연구가설이 지지되기도 하였다(Pillemer, 1985; Breckman & Adelman, 1988; Korbin, Anetzberger & Eckert, 1989; Wolf & Pillemer, 1989; Cox, 1996). 즉 신체적으로 학대를 받아왔던 노인 42명과 그렇지 않은 노인 42명을 비교 연구한 Pillemer(19市)는 학대받고 있는 노인들이 신체적으로 덜 장애를 겪고 있었으며, 경제적으로도 덜 의존적이었고, 오히려 학대자들이 학대받는 노인에게 경제적으로 의존하고 있는 것이 주 요인인 것으로 나타났다. 이는 의존성이 노인학대의 한 요인이지만 다른 상호 관련 변수와 복합적으로 작용될 수 있음을 나타낸다고 하겠다.

⑤ 자아존중감

노년기에는 여러 가지 면에서 자신이 무능력하다고 느끼기 때문에, 자신의 대우를 변화시킨다거나, 어떤 일로 향상시킬 수 있다고 생각하지 않는 경향이 높다. 이러한 "학습된 무기력(learned helplessness)"에 익숙해진 노인은 문제 해결을 위해 전혀 생각을 하지 않게 되며, 성공에 대해 인지할 수 있는 능력 또한 점차 감소하게 된다.(Quinn & Tomita, 1986). 어떤 노인은 지나온 일생을 실패로 규정하고, 그 원인이 노인 자신이 아니라 부모, 형제, 자녀, 국가나 시대의 책임으로 돌리며 항상 불편하고 남을 탓한다. 이렇게 자아존중감이 낮은 노인은 가정 내에서 심각한 문제를 일으키거나 또는 무기력해질 가능성이 높기 때문에, 이로 인해 학대를 받을 가능성이 높아지는 것으로 나타났다(윤진, 1994; 한동희, 1995).

그러나 Hwalek 등(1996)의 연구결과 학대 피해자의 약 1/4(24%)은 자기존중감 또는 자기충족감에 따른 장애가 전혀 없는 것으로 보고 되기도 하였다.

이상의 연구들은 노인이 갖고 있는 개인적 특성 변수와 관련된 것들이다. 전체적으로 각각의 변인에 따른 연구결과들이 모두 일치하지는 않지만, 많은 선행연구들에서 중복적으로 노인학대 경험과 관련이 있는 것으로 나타난 변인들을 추출한 것으로, 선정된 미시체계 변인들이 노인의 학대 경험에 영향을 미칠 것이라 예측할 수 있다.

(2) 중간체계(The Mesosystem) - 가족적 특성 변인

중간체계 변인으로 동거자녀의 사회인구학적 특성(연령, 교육수준, 직업, 건강상태, 음주정도, 경제적 수준), 부양기대감, 동거자녀와의 정서적 유대감, 자녀와의 관계만족도, 비동거자녀와의 결속력을 들 수 있다.

① 동거자녀의 사회인구학적 특성

노인학대 가해자들은 보통 40세에서 60세의 연령분포를 가지며, 보통 노인에 대한 부양책임감을 가지고 있는 사람이다(Steinmetz & Amsden, 1983; Milner, 1990; Paveza et al., 1992). 대개 여성이 남성보다 노인부양을 더 부담스러워하고 스트레스를 많이 받는 것으로 나타나, 가해자가 여성인 경우가 많은 것으로 보고 되나(Pillemer & Suitor, 1992), 몇몇 연구결과는 남성이나 여성 모두 꽤 동등한 비율로 폭력행동을 하는 것으로 나타나기도 하고(Rillemer & Finkelhor, 1988; Suitor, Pillemer & Straus, 1990), 반대로 약 64%가 남성, 주로 아들인 것으로 나타나기도 하였다(Wiehe, 1998). 그러나 신체적 학대의 가해자는 대다수가 남성인 것으로 나타났으며(Pillemer & Wolf, 1986), 여성들은 방임의 행위를 더 많이 하는 것으로 나타났다(Miller et al., 1989).

Douglass(1980)는 1979년 미시간주 5개 지역의 의사와 전문가에게 개인면접을 실시한 연구에서 노인과 부양자 사이의 상호 관계에서 학대가 일어날 수 있는 여러 가지 가능성으로, 첫째 의존적인 노인을 부양하는데 부적절한 경제적 사정, 둘째 노부모를 부양하고 있는 부양자 자신의 몸이 불편한 경우, 셋째 노부모와 부양자 모두 알코올중독자인 경우, 넷째 적절하지 못한 주거환경 등을 꼽았다(한동희·김정옥, 1995에서 재인용). 특히 경제적 압박에 직면한 부양자(부양으로 인한 경제적 부담이나 실업 또는 그 밖의 경제적 문제로부터 야기된 압박)는 노인부양 자체가 원망의 대상이 될 수 있고, 그에 따른 좌절감으로 가족구성원(노인)을 학대하는 것과 관련이 있는 것으로 나타났다(Gelles, 1974; Douglass et al., 1980; Lachs & Pillemer, 1995; 한동희, 1996; 이성희·한은주, 1998). Wolf 등(1982)은 매사츠세츠(Massachusetts)에서 노인학대의 원인을 조사한 결과 가해자의 2/3가 피해자에게 경제적으로 의존하고 있음을 밝힘으로써, 처음으로 피해자의 의존성보다는 오히려 가해자의 피해자에 대한 의존성이 클 때 학대가 유발될 수 있다는 견해를 보여주었다(이해영, 1996에서 재인용). 즉 정서적, 사회적, 직업적 또는 경제적 스트레스를 받고 있는 사람은 의욕이 떨어지고, 좌절하기가 쉽다. 예를 들어 노인 외 부양해야 할 가족이 있다거나, 맞벌이 가족인 경우 며느리나 딸이 부담하게 될 과중한 역할 수행들이 학대를 일으키는 요인으로 나타났다(Steinmetz & Amsden, 1983; Pagelow, 1984; Hudson, 1986; Pillemer & Wolf, 1986; Milner, 1990; Lachs & Pillemer, 1995; 한동희, 1996; 이선이, 1998; 이성희·한은주, 1998).

이상의 선행연구들을 통해 동거자녀(부양자)의 사회인구학적 특성인 성별, 연령, 직업상태, 건강상태, 음주정도, 경제적 상태 등이 노인의 학대 경험에 영향을 미칠 것이라 예측할 수 있다.

② 부양기대감

선행연구 결과 노부모가 효에 대한 의무감의 기대를 많이 할수록 심리적 복지가 낮아지는 것으로 나타났으며(Kerckhoff, 1966; Seelbach & Saucer, 1977; Quinn, 1983; Lee et al., 1995에서 재인용), 이는 부모가 그들의 자녀에게 의존하고, 효에 대한 기대를 가지고 있다고 인지하면 이것은 그들의 자녀에게 아무런 지원을 해줄 수 없다고 느낄 수 있는 것으로 설명이 되었다. 또한 노인의 지나친 부양기대는 자녀에게 부담을 유발할 뿐만 아니라 자녀와의 기대수준의 불일치를 가져와 상대적인 학대 경험을 높게 하고 노인의 심리건강에 부정적인 영향을 미칠 수도 있다(전길양·송현애, 1997).

그러나 역으로 학대받는 노인과 학대받지 않는 노인을 비교 조사한 결과, 학대받는 노인의 대다수가 자신의 부양자에게 기대하는 수준이 매우 낮은 것으로 나타났고, 부양자의 실제 행동에 대한 인지도도 낮은 것으로 나타났다(Steinmetz, 1990에서 재인용). 즉 학대를 받고 있기 때문에 자녀에 대한 부양기대수준이 낮아질 수도 있다.

따라서 자신의 의존성으로 인해 자녀에게 높은 부양기대감을 갖게 되어 학대가 일어날 수 있고, 실제 학대로 인해 자녀에 대한 부양기대가 낮아질 수 있다.

③ 자녀와의 정서적 유대감과 관계만족도

부모-자녀세대의 상호적 어려움들은 삶이 진행되는 속에서 계속되며, 또한 함께 늙어가면서 직면되는 상황에 의해 악화되어지기도 한다. Horowitz는 부양하는 자녀와 노인 간의 상호 관계는 과거 경험들을 바탕으로 규정된다고 보고서 이러한 경험에 따라 부양자들이 노인에게 어떠한 영향을 주는가를 살펴보았다. 즉 오랫동안 거부, 따돌림 혹은 상호갈등이 있었다면 성인자녀가 도움을 제공하지 않을 수도 있고 또한 성인자녀가 도움을 제공한다 하더라도 노부모가 그것을 받아들이지 않으려는 것으로 나타났다(한동희·김정옥, 1994에서 재인용). 때때로 폭력 또한 과거에 풀

리지 않았던 부모-자녀관계의 갈등의 흔적이 계속 진행된 것일 수도 있다(Hickey & Douglass, 1981; Steinmetz, 1981; Sodei, 1999).

전길양·송현애(1997)의 연구결과 노인이 배우자나 아들, 딸 등 자녀와의 관계에 만족할수록 노인의 학대 경험이 낮은 것으로 나타났다. 또한 Gilliland와 Jimenez(1996)는 학대받는 노인들이 가족들과 낮은 수준의 애정을 표현하였으며, 제대로 의사소통이 이루어지지 않고 있는 것으로 나타나 정서적 유대감 또는 관계만족도가 낮을수록 학대가능성이 있음을 시사하였다.

따라서 학대받는 노인과 가해자들은 오랫동안 감정적 대립관계가 축적되어 있는 경우가 많으며(한동희, 1996), 과거에 좋지 못했던 세대 간의 관계는 현재의 친밀한 가족유대를 어렵게 하고, 이러한 낮은 관계의 질이 미래의 잠재적인 학대 문제들의 지표가 될 수 있다(Kosberg, 1988). 본 연구에서는 좀 더 구체적으로 노인의 학대 경험을 규명하기 위하여 현재 동거하고 있는 자녀와의 정서적 유대감과 전반적으로 전체 자녀와의 관계만족도 모두를 파악하여 학대의 원인을 탐색해 보고자 한다.

④ 비동거 자녀와의 결속력

부양자가 노부모를 부양할 때 도움을 청할 수 있는 다른 자원이 없거나, 일정기간 동안 쉴 수 있는 시간 등의 부재는 부양에 따른 부담감을 상승시키는 역할을 한다. 부양으로 인해 야기되는 냉혹하고도 지속적인 요구들은 부양자를 억눌러 학대 또는 비효과적인 부양을 일으키게 하는 잠재적인 원인이 된다(Hugman, 1995). 즉 비동거자녀는 부양자에게 부양에 따른 부담감을 해소시켜 줄 수 있는 자원이 될 수도 있고, 또 하나의 스트레스를 일으키는 원인이 될 수 있다. 우리나라의 전길양·송현애(1997)의 연구결과 노인들이 자녀와 접촉하는 양이 많을수록 학대 경험이 낮은 것으로 나타났다.

이상의 연구들은 노인과 동거하고 있는 자녀 및 그의 자녀와 관련된 가족적 특성변수와 관련된 것들이다. 전체적으로 각각의 변인들이 노인의 학대 경험과 관련이 있는 것으로 나타났으며, 각각의 변수들을 좀 더 세분화하여 선정한 중간체계 변인들이 노인의 학대 경험에 영향을 미칠 것이라 예측할 수 있다.

(3) 거시체계(The Macrosystem) - 사회 · 문화적 특성 변인

거시체계 변인으로 노인의 사회적 고립, 지역사회 서비스의 인지 및 이용, 노인차별주의, 가족주의를 들 수 있다.

① 노인의 사회적 고립(친척 · 이웃 · 친구로부터의 정서적, 도구적 지원)

다른 사람들로부터 고립된 노인은 특히 학대를 받을 확률이 높다. 왜냐하면 이웃, 친구, 그 외 친척 또는 서비스 제공자에게 도움 또는 중재를 받기가 더 쉽지 않기 때문이다. 즉 능동적 사회적 관계망인 부양자가 노부모를 부양할 때 도움을 청할 수 있는 다른 가족원 및 지원망 또는 부양자가 일정기간 쉴 수 있는 시간을 가지고 있지 않다면, 부양에 따른 부담감이 높아지고 이는 학대 또는 비효과적인 부양을 일으키는 원인이 된다(Phillips, 1983; Pillemer, 1986; Kosberg, 1988; Pillemer & Wolf, 1996; Pillemer & Finkelhor, 1988; Lachs & Pillemer, 1995; Lachs et al., 1997; Sodei, 1999; 한국형사정책연구원, 1995).

그러나 Costa Rica의 노인과 미국의 노인을 비교한 연구결과(Gilliland & Jimenez, 1996), 미국에서 학대를 받고 사는 노인은 사회적으로 고립되어 있는 상태였지만, Costa Rica에서 학대를 받고 사는 노인은 가족수가 많고, 사회적으로 고립되어 있지 않은 것으로 나타나, 고립이 반드시 학대에 영향을 미치는 것이 아니라 문화적인 차이가 영향을 미치는 것으

로 나타났다. 또한 Pillemer와 Suitor(1992)의 연구결과 사회적 지원망이
부양상황에서의 폭력적인 감정이나 행동을 완충시켜 주지는 못하는 것으
로 나타났다.

따라서 노인의 사회적 고립이 학대에 미치는 영향은 선행연구마다 일
치되지 않는 결과를 보이고 있으나, 대체로 노인의 고립은 노인학대 경
험과 관련이 있는 것으로 나타나고 있다.

② 지역사회 서비스의 인지 및 이용

Douglass(1980)는 서비스 제공자들을 대상으로 한 조사연구 결과, 훈
련 부족, 의존적인 노인들의 욕구에 대한 민감성 부족, 지역사회 자원과
부양서비스 인지에 대한 부족 등으로 인해 노인학대가 일어난다고 하였
다(Steinmetz, 1990에서 재인용). 특히 우리나라에서는 학대받는 노인이
이용할 수 있는 노인상담기구, 통보관리 등 사회사업기관에 연락을 취하
고 해결할 수 있는 지역사회의 대응이 현재는 전무하다. 그럼에도 불구
하고 현재 시행되고 있는 노인복지제도의 인지나 이용도는 열악한 지원
체계에 놓여있는 노인들로 하여금 이용이 가능한 대처자원이 될 수 있다
(한동희, 1996). 이러한 적극적인 자세는 학대의 위기를 완화시켜 주리라
여긴다.

③ 노인차별주의

노인은 특히 사회적 지위가 낮기 때문에 학대받기가 더욱 쉬워진다.
이는 의무 있는 역할의 상실에 영향을 미치는데, Atchley(1977)는 이를
"기회의 상실"이라고 명명하였다. 즉 사회가 노인을 고립시키고, 더 이상
이들에게 아무런 기대도 하지 않는다고 하였다. 의무적으로 은퇴를 해야
하는 것은 직업적 역할을 잃어버리게 하고, 이것은 이러한 과정을 계속
해서 진행하도록 만든다. 이러한 노인의 저가치화는 개인의 지위뿐만 아

니라 학대를 받기가 좀 더 쉽도록 만드는 요인이 되기도 한다(Hotaling et al., 1988). Oliveira(1981)는 미국인 모두가 노인에 대한 부정적인 태도를 가지고 있는데, 이것 또한 노인을 학대하는 것이라 주장하였다. 예를 들어, 노인에 관한 농담의 63%가 부정적이며, 노인을 대상으로 하는 TV 광고들 역시 노인을 모욕하는 것이기 때문에, 노인들이 성장하고 권리를 가질 수 있는 기회가 박탈되고 있다고 하였다(Pagelow, 1984에서 재인용). 또한 노인은 종종 사회 내에서 어린애와 같은 지위를 부여받고 있기 때문에 취약한 노인과 어린이의 지위를 똑같이 취급하여 맞을 행동을 하기 때문에 맞는다는 합법성이 부여되는 원인이 되기도 한다 (Penhale, 1993).

우리나라의 김한곤(1997)의 연구에 의하면 노인학대의 원인이 가해자나 사회에 있기보다는 자신에게 있다고 생각하는 경향이 높았으나, 조사대상자의 약 1/5이 사회풍조를 노인학대의 원인으로 생각하고 있었다. 이는 사회에 만연해 있는 노인차별주의(ageism)가 노인학대의 원인을 제공하고 있다고 하는 논의를 뒷받침해줄 수 있다.

④ 가족주의

노인학대 피해자들은 보통 외부에 도움을 구하지 않으며, 스스로 그러한 학대상황에 대해 창피해하고, 부끄러워하기 때문에 사실대로 잘 언급을 하지 않으며, 종종 학대자에 대해 긍정적인 감정과 부정적인 감정 모두를 갖는다. 이러한 양가감정은 학대피해자가 학대가해자로부터 분리되는 것을 어렵게 만든다(Paris 등, 1995). 또한 가정은 성역이며 관습적이고 비밀스러운 곳으로 인식되고 있다. 폭력이나 학대와 같은 문제는 가족들이 숨기고 싶어하는 주제이기 때문에 정확히 알아내기가 더욱 힘들다(Neikrug & Ronen, 1993). 특히 Moon과 Williams(1993)는 다른 나라의 노인에 비해 우리나라 노인들은 개개인의 복지보다는 가족과의 조화를 더 우위에 두고 있으며, 어느 정도의 고통은 미덕으로 감수하고, 자신의 문제를 다른 사람에게 묻고 해결하려 하기보다는 스스로가 해결하는 것이 바람직하다는 문화적 맥락이 매우 강함을 지적하고, 문화적인 이유로 매우 높은 노인학대의 위험에 처할 가능성이 은폐될 수 있음을 지적하였다.

이상의 연구들은 노인을 둘러싼 사회·문화적 특성 변수와 관련된 것들이다. 전체적으로 각각의 변인들이 노인의 학대 경험에 미치는 결과는 모두 일치하지는 않지만, 학대의 원인과 관련이 있는 것으로 나타났다. 따라서 선정된 거시체계 변인들이 노인의 학대 경험에 영향을 미칠 것이라 예측할 수 있다.

Ⅲ. 연구모형 및 연구문제

1. 연구모형의 구성

본 연구는 Kemp(1998)의 생태학적 모델을 근거로 미시체계, 중간체계, 거시체계로 분류한 뒤, 선행연구를 근거로 노인학대 경험의 원인과 관련이 있다고 여겨지는 변인들을 각각의 체계별로 설정, 분류하였다. 이를 그림으로 나타내면 다음 〈그림 1〉과 같다.

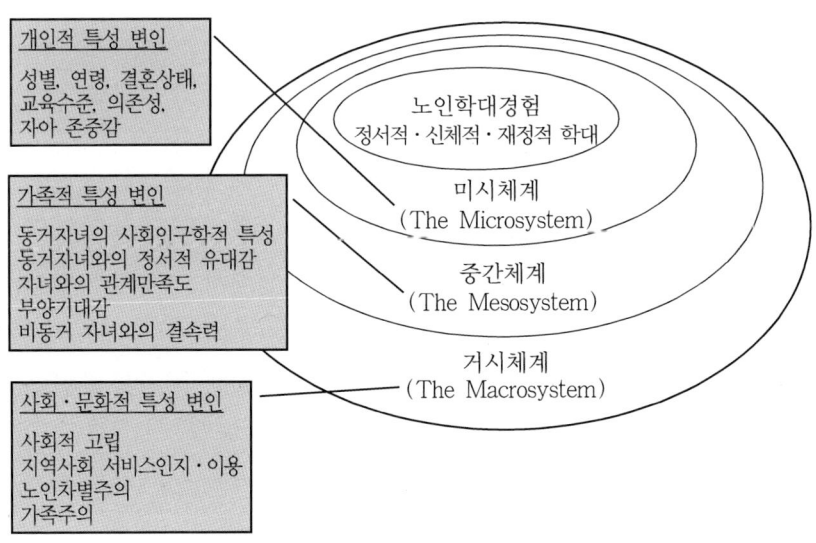

〈그림 1〉 노인학대의 원인에 대한 생태학적 연구모형

2. 연구문제

본 연구는 앞에서 제시한 이론적 배경과 연구모형을 토대로 다음과 같은 연구문제를 설정하였다.

〈연구문제 1〉노인이 지각하는 학대 경험의 전반적인 실태는 어떠한가?

〈연구문제 2〉미시체계, 중간체계, 거시체계의 변인에 따라 노인의 학대 경험(정서적 학대, 신체적 학대, 재정적 학대, 총노인학대 경험)은 차이가 있는가?

    2-1. 미시체계 변인에 따라 노인의 학대 경험은 차이가 있는가?

    2-2. 중간체계 변인에 따라 노인의 학대 경험은 차이가 있는가?

    2-3. 거시체계 변인에 따라 노인의 학대 경험은 차이가 있는가?

〈연구문제 3〉노인학대 경험에 대한 미시체계, 중간체계, 거시체계 변인들의 상대적 영향력은 어떠한가?

    3-1. 정서적 학대에 대한 미시체계, 중간체계, 거시체계 변인들의 상대적 영향력은 어떠한가?

    3-2. 신체적 학대에 대한 미시체계, 중간체계, 거시체계 변인들의 상대적 영향력은 어떠한가?

    3-3. 재정적 학대에 대한 미시체계, 중간체계, 거시체계 변인들의 상대적 영향력은 어떠한가?

    3-4. 총노인학대 경험에 대한 미시체계, 중간체계, 거시체계 변인들의 상대적 영향력은 어떠한가?

3. 용어의 정의

본 연구에서 사용하는 주된 용어는 다음과 같이 조작적으로 정의되었다.

1) 생태학적 접근

Bronfenbrenner의 네 가지 환경체계 모델을 세 가지 환경체계 모델로 단순화시킨 Kemp(1998)의 모델을 근간으로 다음과 같이 조작적 정의를 하였다.

① 미시체계(The Microsystem): 이는 작은(small)의 뜻으로, 개인적 수준의 변수들이 해당된다. 본 연구에서는 노인 자신의 특성으로 성별, 연령, 결혼상태, 교육수준, 신체적, 인지적, 경제적 의존성, 자아존중감이 이에 해당된다.

② 중간체계(The Mesosystem): 이는 중간(middle)의 뜻으로, 가족체계 내에서 기능하는 변수들이 해당된다. 본 연구에서는 노인을 부양하고 있는 자녀의 특성 및 관계로 동거자녀의 사회 인구학적 특성, 부양기대감, 정서적 유대감 및 관계만족도, 비동거자녀와의 결속력이 이에 해당된다.

③ 거시체계(The Macrosystem): 이는 큰(large)의 뜻으로, 지역사회와 사회 내에서 일어나는 현상 등을 설명할 수 있는 특성들이 해당된다. 본 연구에서는 노인과 가족을 둘러싼 사회적 고립, 지역사회 서비스 인지 및 이용, 노인차변주의, 가족주의가 이에 해당된다.

2) 노인학대

: 본 연구에서 사용하는 노인학대의 개념에는 적극적 또는 소극적 방임의 형태도 포함된 좀 더 넓은 의미로 정의한다.

① 정서적 학대: 노인에게 정서적인 고통, 상처를 유발시키는 행동으로, 침묵, 무시, 어린애 취급하기, 큰소리치기 등 언어적 학대 및 방임의 의미가 포함된다.

② 신체적 학대: 노인이 쾌적한 생활을 하거나 해를 피하기 위해 필요한 재화나 용역을 부양자가 제공하지 않는 것으로 식사를 제공하지 않기, 주변을 불결하게 만들기, 신체적인 보조기구 마련해주지 않기, 노인을 위한 아무런 안전 예방조치를 행하지 않는 것의 내용이 포함된다. 단 본 연구에서는 학대의 가장 독특한 특성이라 할 수 있는 신체적인 구타 및 감금은 신체적 학대의 내용 속에서 제외시켰다.

③ 재정적 학대: 물질적인 착취 또는 노인의 돈, 재산을 남용하는 것과 노인 자신의 건강과 안녕을 유지하거나 회복하는 데 필요한 자원이나 자금을 받지 못하는 것으로 재정적 방임의 의미도 포함된다.

IV. 연구방법

1. 조사도구의 구성과 내용

1) 독립변인 측정도구

(1) 미시체계 변인(개인적 특성 변인)

① 조사대상자의 일반적 배경(성별과 연령 배우자 유무, 교육수준): 조사대상자인 노인의 일반적 배경을 파악하기 위하여 성별, 연령, 배우자 유무, 교육수준을 측정하였다.

② 의존성: 노인의 의존성을 측정하기 위하여 선행연구(권중돈, 1994; 김선희, 1996)들을 기초로 총 13문항을 발췌 사용하였다. 구체적으로 일상생활동작능력(ADL) 수행상의 의존도를 측정하기 위한 6문항, 도구적 일상생활동작능력(IADL) 수행상의 의존도를 측정하기 위한 3문항, 인지적 기능의 손상에 따른 의존도를 측정하기 위한 3문항으로 구성하였다. 5점 리커트 척도를 사용하여 "전혀 그렇지 않다"에 1점, "매우 그렇다"에 5점을 주었으며 점수가 높을수록 부양자에 대한 노인의 의존도가 높음을 나타낸다. 이들의 Cronbach' a 값은 ADL 항목 .96, IADL 항목 .85, 인지적 기능 항목 .83으로 나타났으며, 전체 문항의 신뢰도는 .93으로 높게 나타났다.

그리고 예비조사시 경제적 의존성을 측정하기 위하여, 현재 직업의 종류와 용돈수준 그리고 용돈(생활비) 마련방법을 측정하였다. 그러나 직업의 경우 대다수가 아무 일도 하지 않고 있다고 응답하였고, 적은 수이기는 하지만 직업이 있다고 응답한 경우 단순노무직이 가장 많은 수를 차지하였다. 즉 직업을 가지고 있다는 노인들은 자녀에게 경제적으로 의존을 할 수가 없는 상황이기 때문에 어쩔 수 없이 일을 하고 있는 경우가 대다수였다. 따라서 직업 유무로 경제적 의존성 여부를 측정할 수 없다고 판단하여, 본 조사 분석 시에는 생략을 하였다.

경제적 의존성을 측정하기 위하여 용돈(생활비)마련 방법 1문항을 선정하여, 해당되는 모든 항목을 택하도록 하였다. 설문지상으로는 일을 해서 번다, 재산소득(저금, 사채이자, 집세 등), 연금이나 퇴직금, 생활보호 대상자의 혜택, 자녀가 대준다, 기타로 분류되어 있으나, 회귀분석에서 가변수(dummy variable)로 활용하기 위해 전적으로 자녀에게만 의존한다에만 체크를 한 경우와 재산소득 또는 연금이나 퇴직금으로 생활하였다 중 1항목 이상을 택한 경우를 묶어서 분류를 하였다.

③ 자아존중감: 노인의 자아존중감을 측정하기 위하여 Rosenberg(1965)의 SEQ(Self-Esteem Questionaire)를 번안하여 사용한 김은희(1994)의 척도를 사용하였다. 총 5문항으로, 각 항목에 대한 응답은 5점 리커트형으로 1~5점의 점수를 주었으며 점수가 높을수록 자아존중감이 높은 것을 의미한다(1, 2, 4, 5번 역코딩). 이 척도의 Cronbach' a 값은 .81이다.

(2) 중간체계 변인(가족적 특성 변인)

① 동거자녀의 일반적 배경(연령, 교육수준, 직업, 건강수준, 음주정도, 경제적 수준): 현재 조사대상자가 동거하고 있는 자녀의 일반적 배경을 측정하기 위하여, 동거자녀의 연령, 교육수준, 직업을 측정하였고, 노인이 지각한 동거자녀의 건강상태, 음주정도, 경제적 수준을 측정하였다.

② 동거자녀와의 정서적 유대감: 현재 동거하고 있는 자녀와의 정서적 유대감을 측정하기 위하여 선행연구들(박경란 등, 1995; 김지훈, 1997)을 기초로 총 5문항을 발췌 사용하였다. 각 항목에 대한 응답은 5점 리커트

로, "전혀 그렇지 않다"에 1점, "매우 그렇다"에 5점을 주어 점수가 높을 수록 동거자녀와의 정서적 유대가 높음을 나타낸다(1, 2, 5번 역코딩). 이 척도의 Cronbach' a 값은 .70이다.

③ 자녀와의 관계만족도: 현재 동거하는 자녀와 관계없이 조사대상자인 노인이 부모로서 자녀와의 관계에 어느 정도 만족하는지를 측정하기 위하여, Schumm과 Hall(1985)의 "Kansas Parental Satisfaction Scale(KPS)"을 번안, 수정하여 사용하였다. 총 3문항으로 각 항목에 대한 응답은 5점 리커트로, "전혀 만족하지 않는다"에 1점, "매우 만족한다"에 5점을 주어 점수가 높을수록 자녀와의 관계만족도가 높음을 의미한다. 이 척도의 Cronbach' a 값은 .84이다.

④ 부양기대감: 조사대상자인 노인이 부모로서 자녀에게 기대하는 부양의식을 측정하기 위해 Seelbach(1978)의 "Realizations of Filial Responsibility(RFR)" 19개 항목 중 5문항을 발췌, 번안 및 수정을 하여 사용하였다. 각 항목에 대한 응답은 5점 리커트로, "전혀 그렇지 않다"에 1점, "매우 그렇다"에 5점을 주어 점수가 높을수록 자녀에게 기대하는 부양의식이 높음을 의미한다. 이 척도의 Cronbach' a 값은 .83이다.

⑤ 비동거자녀와의 결속력: 현재 조사대상자가 동거하고 있지 않은 다른 자녀와의 결속력을 측정하기 위해 만남의 정도, 전화횟수, 정서적 지원, 도구적 지원의 내용으로 각각 1문항씩 선정하였다.

(3) 거시체계 변인(사회·문화적 특성 변인)

① 사회적 고립: 조사대상자인 노인의 사회적 고립을 측정하기 위하여, 주로 만나는 사람이 누구인지를 묻는 문항 한 개와 친척, 이웃, 친구로부터 정서적·도구적 지원을 어느 정도 받는지를 물어보았다. 친척, 이웃, 친구로부터의 정서적·도구적 지원이 어느 정도인지를 측정하기 위

하여, 선행연구들(최정아, 1991 : 이영화, 1997)을 기초로 각각 2문항씩 발췌 사용하였다. 각 항목에 대한 응답은 5점 리커트로 "전혀 도움을 받지 않는다"에 1점, "항상 도움을 받는다"에 5점을 주어 점수가 높을수록 친척, 이웃, 친구로부터 정서적 · 도구적 지원을 많이 받는 것을 의미한다. 정서적 지원의 Cronbach' a 값은 .92이며, 도구적 지원의 Cronbach' a 값은 .80이다.

② 지역사회 서비스의 인지 및 이용 : 조사대상자인 노인이 현재 실시되고 있는 노인복지프로그램 및 시책에 대하여 어느 정도 알고 있으며, 이용을 하고 있는지 알아보기 위하여 이가옥 등(1994)이 이용한 프로그램 22개 항목을 선정하였다. 인지도 측정은 각각의 항목에 대한 인지여부를 "예", "아니오"로 응답하도록 하였으며, 만약 인지하고 있다면 얼마만큼 이용하고 있는지도 "가끔 이용하는 편"에 1점, "매우 자주 이용한다"를 3점으로 주어 점수가 높을수록 지역사회 서비스(복지프로그램 및 시책)를 많이 이용하고 있음을 의미한다.

③ 노인차별주의 : 일반 사람들이 노인에 대해 어떻게 생각하고 있는지를 질문하기 위하여 최원기(1989)의 연구를 기초로 5문항을 발췌 사용하였다. 각 항목에 대한 응답은 5점 리커트 척도로 "전혀 그렇지 않다"에 1점, "매우 그렇다"에 5점을 주어 점수가 높을수록 노인차별감을 높게 의식하고 있음을 의미한다. 이 척도의 Cronbach' a 값은 .77이다.

④ 가족주의 : 일반 사람들이 갖고 있는 가족규범의식을 측정하기 위해 이광규 외(1996)의 가족의식 척도 중 4문항을 발췌 사용하였다. 각 항목에 대한 응답은 5점 리커트 척도로 "전혀 그렇지 않다"에 1점, "매우 그렇다"에 5점을 주어 점수가 높을수록 가족규범의식이 높음을 의미한다. 이 척도의 Cronbach' a 값은 .73이다.

2) 종속변인 측정도구(노인학대 경험)

조사대상자의 노인학대 경험을 측정하기 위하여, Adelman과 Breckman 등(1993)의 학대 지침서(Paris 등, 1995에서 재인용)에서, 전길양·송현애 (1997)의 척도, 김미혜·이선이(1998)의 척도 그리고 본 연구자가 예비조 사 시 느꼈던 점을 착안하여 수정보완해서 재구성하였다.

예비조사를 통하여 신뢰도 검증과 요인분석을 실시한 결과 23문항이 선정되어 본 조사에 사용되었다. 그리고 본 조사에서 요인분석을 실시한 결과 총 15문항의 3개 요인으로 추출되었으며, 각 요인의 아이겐 값은 모두 1.0 이상이다(〈부록 1〉 참조).

요인분석에서 나온 3개 요인은 정서적 학대, 신체적 학대, 재정적 학대 이며, 척도의 범위는 5점 리커트로 "전혀 없다"에 1점, "항상 그렇다"에 5점을 주어 점수가 높을수록 학대 경험이 높음을 의미한다. 이들 각 요 인에 대한 신뢰도 측정 결과, 정서적 학대의 Cronbach' a 값은 .88이며, 신체적 학대의 Cronbach' a 값은 .87이고, 재정적 학대의 Cronbach' a 값 은 .77이다. 총노인학대 경험의 Cronbach' a 값은 .91로 높게 나타났다.

각 척도별 신뢰도 계수와 문항수 등은 다음의 〈표 3〉에 나타나 있다.

〈표 3〉 측정도구의 구성 및 신뢰도

변 인		문항수	점수범위	비 고	신뢰도
미시체계	자아존중감	5	5점 리커트 5~25점	1, 2, 4, 5번 역코딩	$a=.81$
	의존성(ADL, IADL, 인지적 기능 척도)	13	5점 리커트 5~30점	'전혀 그렇지 않다'에 1점 '매우 그렇다'에 5점	$a=.93$
중간체계	동거자녀와의 정서적 유대감	5	5점 리커트 5~25점	1, 2, 5번 역코딩	$a=.70$
	자녀와의 관계만족도	3	5점 리커트 5~15점	'전혀 만족하지 않는다'에 1점, '매우 만족한다'에 5점	$a=.84$
	부양기대감	5	5점 리커트 5~25점	'전혀 그렇지 않다'에 1점 '매우 그렇다'에 5점	$a=.83$
	비동거자녀와의 접촉적 결속력	2	5점 리커트	'전혀 만나지 않는다'에 0점, '매일 만난다'에 5점	$a=.80$
	비동거자녀로부터의 원조적 결속력	2	5점 리커트	'전혀 도움을 받지 않는다'에 1점, '항상 도움을 받는다'에 5점	$a=.64$
거시체계	친척, 친구, 이웃으로부터의 정서적 지원	2	5점 리커트 5~10점	'전혀 도움을 받지 않는다'에 1점, '항상 도움을 받는다'에 5점	$a=.92$
	친척, 친구, 이웃으로부터의 도구적 지원	2	5점 리커트 5~10점	'전혀 도움을 받지 않는다'에 1점, '항상 도움을 받는다'에 5점	$a=.79$
	지역사회 서비스의 인지정도	22	'알고 있다', '들어본 적 없다' 0점~22점	'알고 있다'를 1점, '들어본 적 없다'를 0점 처리 후 합산	$a=.86$
	지역사회 서비스의 이용정도	22	'이용한 적 있다', '이용해 본 적 없다' 0점~22점	'이용해 본 적이 있다'를 1점, '이용한 적이 없다'를 0점 처리 후 합산	$a=.56$
	노인차별주의	5	5점 리커트 5~25점	'전혀 그렇지 않다'에 1점 '매우 그렇다'에 5점	$a=.77$
	가족주의	4	5점 리커트 5~20점	'전혀 그렇지 않다'에 1점 '매우 그렇다'에 5점	$a=.73$
노인학대경험	정서적 학대	6	5점 리커트 5~30점	'전혀 없다'에 1점 '항상 그렇다'에 5점	$a=.88$
	신체적 학대	4	5점 리커트 5~20점	'전혀 없다'에 1점 '항상 그렇다'에 5점	$a=.87$
	재정적 학대	5	5점 리커트 5~20점	'전혀 없다'에 1점 '항상 그렇다'에 5점	$a=.77$
	총노인학대 경험	15	5점 리커트 5~85점	'전혀 없다'에 1점 '항상 그렇다'에 5점	$a=.89$

2. 조사대상 및 자료수집 절차

조사대상은 서울시에 거주하는 적어도 1명 이상의 자녀와 동거하고 있는 만 60세 이상의 노인을 대상으로 하였다. 본 연구에서는 노인학대 경험을 동거자녀에 의한 학대로만 한정하였다. 대부분 자녀가 부모에게 가하는 폭력에 반대한다는 규범적 인지가 배우자 폭력에 반대하는 것보다 더 강하게 나타난다(Finkelhor & Pillemer, 1983). 특히 노인학대와 연관된 선행연구 결과 학대 피해자의 75%가 학대자와 함께 살고 있으며, 두 세대가 떨어져 살 때보다는 함께 살 때 폭력이 더 많이 일어난다고 나타나며(Wiehe, 1998), 가해자의 과반수 이상이 가족 특히 성인자녀인 것으로 나타나(Hwalek et al., 1996), 본 연구에서는 노인의 학대 경험을 현재 노인과 동거하고 있는 성인자녀와의 관계로만 한정하고자 한다.

그리고 미국 등 선진국에서는 65세 이상을 노인으로 규정하는 경우가 대부분이나 보통 우리 사회에서는 노년기를 60세 이후로 정의하고 있으며(김종서 외, 1982), 또한 우리나라의 경우 정년이 보통 55세에서 60세 사이이며, 회갑 연령이나 발달단계 분류 등을 근거로 하여 60세 이상을 노인으로 보는 경우가 일반적이라 할 수 있기 때문에(이영자, 1999) 본 연구에서도 노인을 만 60세 이상으로 정의하여 사용하였다.

본 조사 실시에 앞서 조사도구의 적절성과 신뢰성 여부를 알아보기 위하여 1999년 3월 15일～21일까지 노인 30명을 대상으로 본 연구자가 직접 예비조사를 실시하였다. 그 결과 응답을 꺼리거나 쉽게 이해하지 못하는 문항들, 연구자가 미처 생각하지 못했던 내용들은 첨가되거나 수정되었으며 또한 노인과의 면담 시 너무 많은 시간이 소모되는 점을 감안하여 관련 전공 분야 교수의 평가와 조언을 받으며 전반적으로 문항을 재조정하여, 본 조사용 설문지를 구성하였다.

본 조사는 1999년 7월 30일～8월 10일에 걸쳐 실시되었으며, 조사대상자의 표집방법은 유의표집(purposive sampling)을 하였다. 자료 수집은 본 조사의 취지와 조사 방법을 충분히 교육받은 가정관리학 전공 대학생과 본 연구자에 의해서 수행되었다. 조사요원들은 아파트 단지 내 노인정이나 파고다 공원 등을 직접 방문하여 직접 면접을 실시하였다.

본 연구의 설문지는 총 230부가 배부되어 211부가 회수되었으며, 그중 내용이 부실기재 되었거나 본 연구에 적합지 않은 것으로 여겨지는 질문지 11부를 제외한 총 200부를 분석에 사용하였다.

3. 자료의 분석 방법

본 연구의 자료 분석을 위해 SPSS WIN 7.5 program을 이용하였으며, 구체적인 분석 절차는 다음과 같다.

〈연구문제 1〉인 노인이 지각한 전반적인 학대의 실태를 알아보기 위하여 빈도분석, 평균과 표준편차를 사용하였다.

〈연구문제 2〉인 미시체계, 중간체계, 거시체계의 변인에 따른 노인학대 경험의 차이를 분석하기 위하여 t－검증, 일원변량분석(one-way ANOVA)을 실시하였고, 차이에 따른 사후검증 방법으로 Scheffe's grouping 검증을 실시하였다. 이를 실시하기 위해 세 개의 체계 변인 중 등간척도로 구성된 자아존중감, 의존성, 동거자녀와의 정서적 유대감, 자녀와의 관계만족도, 부양기대감, 비동거자녀와의 접촉적 결속력, 비동거자녀와의 원조적 결속력, 친척·친구·이웃으로부터의 정서적·도구적 지원, 지역사회 서비스 인지도 및 이용도, 노인차별주의, 가족주의 척도는 각각의 표준편차와 분포도를 중심으로 상·중·하로 나누어서 살펴보았다.

〈연구문제 3〉인 각 체계 변인이 노인학대 경험에 미치는 영향을 살펴보기 위해 우선적으로 Pearson 적률상관관계를 실시하여 다중공선성의 문제가 있는지를 살펴 본 후, 미시체계, 중간체계, 거시체계의 변인들을 묶어서 차례차례 단계별로 투입하여 설명력의 증가를 보는 위계적 회귀분석(hierarchical regression)을 실시하였다.

V. 연구결과 및 해석

1. 조사대상자의 일반적 특성

조사대상자의 일반적 특성을 살펴보면 〈표 4〉와 같다.

먼저 조사대상자의 성별분포는 여자노인이 63.0%, 남자노인이 37.0%로, 1998년 우리나라 남녀의 평균수명이 남자 69.5세, 여자 77.4세(통계청, 1998)임을 고려할 때, 노년기에 홀로 사는 여자노인이 더 많기 때문인 것으로 생각된다. 연령은 70대가 39.5%, 60대가 38.0%, 80대가 22.5%이며, 결혼상태는 배우자가 없는 경우는 62.3%, 현재 배우자가 있는 경우는 37.7%로 배우자와 사별한 노인들이 더 많은 것으로 나타났다. 조사대상자의 총자녀수는 3명~4명이 43.5%, 5명 이상이 37.0%, 2명 이하가 19.5% 순으로 나타났으며, 자녀 성별로는 딸만 두었다가 6.5%, 아들만 두었다가 11.0%, 아들 한 명과 한 명 이상의 딸들을 둔 경우가 25.0%, 2명 이상의 아들과 딸을 둔 경우는 57.5%로 나타났다. 교육수준은 무학이 39.5%, 국민학교 및 서당을 졸업한 경우가 32.5%, 중학교 이상이 28.0%로 나타났다. 종교의 경우 없다가 34.3%, 기독교가 37.9%를 나타냈으며, 직업은 대부분 없는 경우(81.0%)가 많았다. 용돈수준은 10만원 이하가 39.7%로 가장 많은 수를 차지하였으며, 11~20만원은 27.1%, 21~50만원은 20.6%, 51만원 이상은 12.5%로 나타났다. 용돈 마련처는 자녀가 전적으로 대주는 경우가 54.5%이고, 그 외 재산소득이나, 연금 등으로 사는 경우는 45.5%로 비슷한 비율을 나타냈다. 집에 개인방 유무는 있다가 75.5%로 훨씬 많았다. 조사대상자가 주로 만나는 사람이 누구인지를 질문한 결과, 동네 이웃들과 함께 한다가 41.5%로 나타났다. 이는 조사 시 노인정에서 한 경우가 많기 때문에 이러한 응답이 가장 많이 나온 것으로 생각된다. 그러나 여러 모임을 통해서 많은 사람들을 만난다가 28.5%, 주로 혼자서 보낸다가 17.0%, 함께 사는 가족과 함께 보낸다가 13.0%로 나타났다.

〈표 4〉 조사대상자의 일반적 특성　　　　　　　　　　(N＝200)

변 인	범 주	빈 도(%)	변 인	범 주	빈 도(%)
성 별	남 자	74(37.0)	직 업	없 다	162(81.0)
	여 자	126(63.0)		있 다	38(19.0)
연 령	60세~69세	76(38.0)	생활비 (용돈)수준***	10만원 이하	79(39.7)
	70세~79세	79(39.5)		11~20만원	54(27.1)
	80세 이상	45(22.5)		21~50만원	41(20.6)
결혼상태*	배우자가 있다	75(37.7)		51만원 이상	25(12.5)
	사별하였다	124(62.3)	용돈(생활비) 마련방법****	전적으로 자녀가	109(54.5)
자녀수	2명 이하	39(19.5)		그 외(재산소득 등)	91(45.5)
	3명~4명	87(43.5)	개인방 유무	있 다	151(75.5)
	5명 이상	74(37.0)		없 다	49(24.5)
자녀성별	딸만 두었다	13(6.5)	주로 만나는 사람	주로 혼자서 지낸다	34(17.0)
	아들만 두었다	22(11.0)		함께 사는 가족과 지낸다	26(13.0)
	외아들+한 명이상 딸을 두었다	50(25.0)		동네이웃들과 지낸다	83(41.5)
	2명 이상의 아들, 딸	115(57.5)		여러 모임에서 만난 사람들과 함께 지낸다	57(28.5)
교육수준	무 학	79(39.5)			
	국민학교·서당	65(32.5)	* 별거 및 이혼을 하였다 1명 missing data 처리		
	중학교 이상	56(28.0)	** 기타 2명 missing data 처리		
종교**	없 음	68(34.3)	*** 무응답 1명 missing data 처리		
	불 교	39(19.7)	**** 복수응답 처리한 내용을 두 가지로 분류(전적으로 자녀에게만 의존한다만 체크한 경우와 두 개 이상의 번호에 체크한 경우로 분류)		
	기독교	75(37.9)	* 실제 분석 시에는 자녀수, 자녀성별, 종교, 직업 유무, 개인방 유무는 제외되었다.		
	천주교	16(8.1)			

　조사대상자를 부양하고 있는 부양자와 관련된 일반적 배경을 살펴보면 〈표 5〉와 같다.

　노인의 총가족수는 5명이 34.5%, 6명 이상이 29.5%로 나타났다. 조사대상자와의 관계는 장남이 50.3%로 과반수를 차지했으며, 남성부양자의 연령은 41세~50세가 34.2%였으며, 51세 이상 되는 부양자가 31.6%, 31세~40세 부양자가 29.4%로 나타났다. 여성부양자의 연령은 41세~50세가가 41.8%, 31세~40세가 33.3%로 3~40대가 대부분이었으며, 51세 이상은 14.7%로 나타났다. 남성부양자의 교육수준은 전문대 졸업 이상이 54.5%로 과반수를 차지했으며, 여성부양자의 교육수준은 고졸이 48.0%로 가장 많이 나타났다. 남성부양자의 직업은 사무직이 46.2%로 가장 많았고, 자영업직이 29.3%로 많았다. 여성부양자의 경우 전업주부인 경우가 58.8%로 직업을 가지고 있는 경우(41.2%)보다 좀 더 많이 나타났다. 남성부양자나 여성부양자 모두 건강수준이 좋은 편이다라고 한 경우가 높은 것으로 나타났으며(각각 74.9%, 81.9%), 음주정도는 남성부양자의 경우 보통이다 34.8%, 전혀 마시지 않는다가 24.1%, 매우 많이 마신다가 17.1%를 보였으나, 여성부양자의 경우 전혀 마시지 않는다가 62.1%로 높게 나타났다. 노인이 주관적으로 지각한 부양자의 경제상태는 중하(中下) 정도 된다가 46.0%, 중상(中上) 정도 된다가 40.5%, 하(下)이다가 10.5%로 나타났다.

　그리고 현재 조사대상자와 동거하고 있지 않은 다른 자녀들과의 결속력을 살펴보면 다음 〈표 6〉과 같다.

　비동거자녀와 월 1~3회 정도 만난다가 40.5%로 가장 많은 수를 차지했으며, 전혀 만나지 않는다도 42%로 나타났다. 비동거자녀와의 전화연락 정도도 마찬가지로 월 1~3회가 42.6%로 나타났으며, 전혀 하지 않는다도 3.0%로 나타났다. 비동거자녀로부터의 정서적 지원은 별로 도움을 받지 않는다가 34.2%, 전혀 도움을 받지 않는다가 17.4%로 비동거자녀

와의 정서적 교류가 낮은 편으로 나타났다. 그러나 비동거자녀로부터의
도구적 지원은 이보다는 좀 더 도움을 받는 것으로 나타났는데, 때때로
도움을 받는다가 39.5%, 별로 도움을 받지 않는다가 20.5%, 전혀 도움을
받지 않는다가 17.9%로 정서적 지원보다는 좀 더 높은 도움을 받는 것
으로 나타났다.

〈표 5〉 조사대상자의 부양자와 관련된 특성　　　　　　　(N=200)*

변 인	범 주	빈 도(%)	변 인	범 주	빈 도(%)
가족수	3명 이하	36(18.0)	노인과의 관계 (여성부양자)	맏며느리	87(49.2)
	4명	36(18.0)		차남이하 며느리	30(16.9)
	5명	69(34.5)		외며느리	31(17.5)
	6명 이상	59(29.5)		딸(기혼, 미혼)	29(16.4)
노인과의 관계 (남성부양자)	장 남	94(50.3)	여성부양자의 연령	30세 이하	18(10.2)
	차남이하 아들	34(18.2)		40세 이하	59(33.3)
	외들아들	42(22.5)		50세 이하	74(41.8)
	사 위	17(9.1)		51세 이상	26(14.7)
남성부양자의 연령	30세 이하	9(4.8)	여성부양자의 교육수준	중졸이하	41(23.2)
	40세 아하	55(29.4)		고졸이하	85(48.0)
	50세 이하	64(34.2)		전문대졸 이상	51(28.8)
	51세 이상	59(31.6)			
남성부양자의 교육수준	중졸이하	29(15.5)	여성부양자의 직업	전업주부	104(58.8)
	고졸이하	56(29.9)			
	전문대졸 이상	102(54.5)		취업주부	73(41.2)
남성부양자의 직업	무 직	21(11.4)	여성부양자의 건강수준	상	145(81.9)
	단순근로직	10(5.4)		중	22(12.4)
	기술직	14(7.6)		하	10(5.6)
	자영업직	54(29.3)	여성부양자의 음주정도	전혀 마시지않음	110(62.1)
	사무직(관리직, 전문직 포함)	85(46.2)		마시지 않은 편	38(21.5)
남성부양자의 건강수준	상	140(74.9)		보통이다	26(14.7)
	중	25(12.5)		마시는 편이다	2(1.1)
	하	22(11.0)		매우 많이 마심	1(.6)
남성부양자의 음주정도	전혀 마시지않음	45(24.1)	부양자의 경제상태 (주관적 측정)	상	6(3.0)
	마시지 않은 편	25(13.4)		중 상	81(40.5)
	보통이다	65(34.8)		중 하	92(46.0)
	마시는 편이다	20(10.7)		하	21(10.5)
	매우 많이 마심	32(17.1)			

* 합계의 차이는 missing data에 의한 것임.　　　　* 실제 분석 시에는 가족수, 노인과의 관계는 제외되었음.

〈표 6〉 조사대상자 비동거자녀와 관련된 특성   (N=190)*

변 인	범 주	빈 도(%)	변 인	범 주	빈 도(%)
비동거자녀 와의 접촉정도	매일 만난다	0(.0)	비동거자녀 로부터의 정서적 지원	전혀 도움을 받지않음	33(17.4)
	주1~3회	23(12.1)		별로 도움을 받지않음	65(34.2)
	월1~3회	77(40.5)		때때로 도움을 받음	67(35.3)
	년3~6회	50(26.3)		대체로 도움을 받음	19(10.0)
	년1~2회	32(16.8)		항상 도움을 받음	6(3.2)
	전혀 만나지 않는다	8(4.2)	비동거자녀 로부터의 도구적 지원	전혀 도움을 받지않음	34(17.9)
비동거자녀 와의 전화연락	매일 한다	15(7.9)		별로 도움을 받지않음	39(20.5)
	주1~3회	69(36.3)		때때로 도움을 받음	75(39.5)
	월1~3회	81(42.6)		대체로 도움을 받음	24(12.6)
	년3~6회	16(8.4)		항상 도움을 받음	18(9.5)
	년1~2회	3(1.6)			
	전혀 하지 않는다	6(3.0)			

* 비동거자녀가 없는 경우(딸 하나만 둔 경우 3명, 아들 하나만 둔 경우 7명)가 제외됨.

그리고 본 연구대상자가 지각하는 미시체계 변인, 중간체계 변인, 거시체계 변인들의 일반적 경향은 다음 〈표 7〉과 같다.

조사대상자가 지각하고 있는 미시체계 변인의 일반적 경향을 살펴보면, 자아존중감은 5점 만점에 3.33점으로 중간치 이상의 점수를 보여, 어느 정도 자아존중감이 높은 것으로 나타났다. 또한 대체로 조사대상자의 신체적·인지적 능력에 따른 의존도가 낮은 것으로 나타나(1.96점), 조사대상자들 대다수가 독립성과 자율성을 유지하고 있는 것으로 나타났다.

조사대상자가 지각하고 있는 중간체계 변인의 일반적 경향을 살펴보면, 동거자녀와의 정서적 유대감은 5점 만점에 3.18점으로 중간치 이상의 점수를 나타내 많은 수의 노인들이 동거자녀와의 정서적 유대감을 높게 지각하는 것으로 나타났다. 자녀와의 관계만족도 역시 5점 만점에 3.34점으로 높은 정도의 만족도를 보였다. 또한 부모로서 자녀에게 갖는 부양기대감은 5점 만점에 3.93점으로 상당히 높은 점수를 보여 여전히 자녀가 부모를 책임지고 모셔야 한다는 가치관이 매우 높게 내재되어 있음을 알 수 있다. 현재 동거하고 있지 않은 다른 자녀와의 결속력을 살펴보면, 전화연락 정도가 5점 만점에 3.31점으로 가장 높은 점수를 보였고, 접촉 정도가 2.39점으로 가장 낮은 점수를 보였지만, 전반적으로 비동거자녀와의 결속력 역시 중간치 이상의 점수로 높게 나타났다.

조사대상자가 지각하는 거시체계 변인의 일반적 경향을 살펴보면, 친구로부터의 정서적 지원이 5점 만점에 2.78점으로 가장 높은 점수를 보였으며, 이웃으로부터의 도구적 지원이 5점 만점에 1.52점으로 가장 낮은 점수를 보였다. 또한 지역사회의 복지서비스 프로그램 및 정책의 인지정도와 이용정도는 모두 0점에서 1점의 분포를 갖는데 각각 .41점, .22점으로 나타나 모두 낮은 인지와 낮은 이용을 하는 것으로 나타났다. 노인차별주의는 5점 만점에 3.71점으로 우리 사회가 노인을 차별하고 있다는 의식이 높은 것으로 나타났다. 또한 가족주의는 5점 만점에 4.06점으로 매우 높은 점수를 나타내, 우리 사회가 일반적으로 매우 높은 가족우선주의 의식을 갖고 있다고 여기는 것으로 나타났다.

〈표 7〉 조사대상자들과 관련된 체계 변인들의 일반적 경향

변 인		M	SD
미시체계 (개인적 특성변인)	자아존중감	3.33	.81
	(신체적·인지적) 의존성	1.96	.50
중간체계 (가족적 특성변인)	동거자녀와의 정서적 유대감	3.18	.83
	자녀와의 관계만족도	3.34	.85
	부양기대감	3.93	.77
	비동거자녀와의 접촉적 결속력	2.85	.93
	1) 비동거자녀와의 접촉정도	2.39	1.04
	2) 비동거자녀와의 전화연락 정도	3.31	1.01
	비동거자녀와의 원조적 결속력	2.61	.93
	1) 비동거자녀로부터의 정서적 지원	2.47	1.00
	2) 비동거자녀로부터의 도구적 지원	2.75	1.17
거시체계 (사회·문화적 특성원인)	친척·이웃·친구로부터의 정서적 지원	2.21	.59
	1) 친척으로부터의 정서적 지원	1.88	.99
	2) 이웃으로부터의 정서적 지원	1.98	1.06
	3) 친구로부터의 정서적 지원	2.78	1.33
	친척·이웃·친구로부터의 도구적 지원	1.81	.51
	1) 친척으로부터의 도구적 지원	2.07	1.10
	2) 이웃으로부터의 도구적 지원	1.52	.69
	3) 친구로부터의 도구적 지원	1.85	.99
	지역사회 서비스의 인지정도	0.41	.21
	지역사회 서비스의 이용정도	0.22	.15
	노인차별주의	3.71	.72
	가족주의	4.06	.61

2. 노인학대 경험의 실태

〈연구문제 1〉인 노인이 지각하는 학대 경험의 전반적인 실태를 규명하

기 위하여 각 영역별로 빈도분석을 실시하고, 평균과 표준편차를 산출하였다. 그 결과는 다음 〈표 8〉과 같다.

전체 노인학대 경험은 5점 만점에 1.58점으로 중간치 이하의 점수를 보였다. 이를 요인별로 살펴보면, 정서적 학대 정험이 1.79점으로 가장 높은 경향을 보였고, 신체적 학대 경험이 1.58점, 재정적 학대 경험이 1.36점 순의 점수를 보여, 우리나라의 노인학대에 관한 선행연구들과 같이 노인이 가장 많이 경험하는 학대 유형이 정서적 학대인 것으로 나타났다. 전반적으로 조사대상자들의 학대 경험이 낮은 것으로 나타나 아직까지 가정 내에서의 성인자녀에 의한 학대가 심각하다고는 할 수 없으나, 이를 응답별로 살펴보면 「자주 있다」 이상의 응답을 한 노인의 숫자가 정서적 학대, 신체적 학대에서 어느 정도 나타나고 있어서 노인을 때리는 일과 같은 극단적인 상황만 아니지, 우리가 소홀히 인식하고 있는 가정 내에서의 정서적 학대는 어느 정도 일어나고 있다고 볼 수 있다. 특히 정서적 학대는 신체적 학대와는 달리 눈에 띄거나 구체적으로 나타나는 행위들이 아니기 때문에 외부에서 구분을 하기도 힘들 뿐만 아니라, 노인들 스스로가 이러한 정서적 문제에 대해 외부에 도움을 요청하기보다는 참겠다는 경향이 높다는 점에 비추어 더욱 문제의 심각성을 엿볼 수 있다. 노인학대 문제는 숨겨지는 특성을 가지고 있고, 특히 가족주의, 효로 연결된 가족부양체계를 가진 우리나라에서 부모를 학대하는 자식을 키웠다는 죄책감 또는 오명을 갖는 것을 두려워하여 이에 대해 얘기하지 못한다는 점을 감안한다면, 이를 훨씬 상회하는 경험을 하고 있을 수도 있다는 추측이 가능하리라 여긴다.

본 연구 내용에서 노인이 경험한 학대 척도에서 제의되었지만, 조사된 신체적 구타 및 감금의 내용을 살펴보면 1.14점으로 가장 낮은 점수를 보였다. 이는 노인학대 가운데 신체적 학대(폭력)가 가장 덜 일어나는 편임을 지적한 Douglass, Hickey 그리고 Noel(1980)의 연구결과와 일치하며, 우리나라 연구 대부분(형사정책연구원, 1995; 한동희, 1996; 전길양·송현애, 1997; 이영숙, 1997; 반형욱, 1997; 김한곤, 1998; 이성희·한은주, 1998)이 신체적 폭행의 경험이 가장 낮게 나타난 결과와도 일치한다. 그러나 어느 집단을 대상으로 표집했느냐에 따라서 연구결과가 달라질 수 있음을 유의해, 현재 노인들이 신체적 구타 및 폭력을 경험하고 있지 않다고 단정지을 수는 없으며, 대개 학대는 단 한 가지 형태로만 나타나는 것이 아니라 복합적으로 함께 일어난다는 점을 염두하면 정서적 학대 및 신체적 학대를 경험하는 노인들이 신체적 구타 및 폭력까지 경험할 수 있는 가능성을 유의하여야 하겠다.

〈표 8〉 노인학대 경험의 일반적 실태　　　　　　　　　　(N=200)

요인	문항내용	전혀 없다	거의 없다	가끔 있다	자주 있다	항상 그렇다	평균
정 서 적 학 대	1. 내가 알고 싶어서 물어보면 모르셔도 된다며 대답 해 주지 않은 적이 있다	70	69	50	11	0	2.01
	2. 나를 무시하거나 그저 침묵으로 대한 적이 있다	103	57	30	8	2	1.75
	3. 내 의사는 전혀 고려하지 않고 부양자가 집안일에 대한 결정을 내린 적이 있다	77	46	54	18	5	2.14
	4. 나를 부양하는 것이 부담스럽다는 얘기를 들은 적 이 있다	120	56	21	3	0	1.54
	5. 부양자가 나에게 큰소리를 친 적이 있다	108	61	26	5	0	1.64
	6. 부양자가 나를 어른으로 대우하지 않고 어린애 취 급을 한 적이 있다	114	55	29	2	0	1.60
	전체평균			1.79(.70)			
신체 적 학대	7. 주변 환경을 정비하지 않거나 불결하게 방치해서 내가 사고를 당할 수 있는 위험한 상황이 된 적이 있다	127	57	11	4	1	1.48
	8. 내가 거처하는 방의 난방시설이 충분하지 못하다	118	63	14	3	2	1.54
	9. 부양자가 틀니나 보청기, 돋보기 등 보조기구를 제 때에 마련해 주지 않은 적이 있다	105	63	26	4	2	1.68
	10. 식사시간에 신경을 쓰지 않아 밥을 굶은 적이 있다	110	67	17	3	3	1.61
	전체평균			1.58(.67)			
재 정 적 학 대	11. 내 자신이 충분한 재정적 자원이 있음에도 불구하 고, 자녀일로 인해 제대로 쓰이지 못하고 있다	133	52	12	0	3	1.44
	12. 허락 없이 내 재산을 담보로 해서 부양자가 대출을 받은 적이 있다	164	34	1	0	1	1.20
	13. 부양자가 내게 빌린 목돈을 갚지 않는다	160	30	9	0	1	1.26
	14. 나의 재정적 자원이 어떻게 관리되는지 잘 모르거 나, 갑자기 다른 가족의 이름으로 양도된 적이 있다	161	37	2	0	0	1.21
	15. 부양자가 생활을 유지하는 데 필요한 용돈이나 생 활비 등을 주지 않은 적이 있다	111	59	18	4	8	1.70
	전체평균			1.36(.43)			
	총 노인학대 경험의 평균						
구 타 및 폭 력	16. 부양자가 나를 밀거나 때린 적이 있다	172	27	1	0	0	1.15
	17. 일정기간 동안 밖으로 나오지 못하게 감금한 적이 있다	175	25	0	0	0	1.13
	18. 부양자가 던진 물건에 맞은 적이 있다	169	31	0	0	0	1.16
	전체평균			1.14(.32)			

3. 체계 변인(미시체계, 중간체계, 거시체계)에 따른 노인학대 경험의 차이

〈연구문제 2〉인 조사대상자의 체계 변인(미시체계, 중간체계, 거시체계)에 따라 노인학대 경험(정서적 학대, 신체적 학대, 재정적 학대, 총노인학대 경험)이 어느 정도 차이가 나는지를 알아보기 위하여 t - 검증, ANOVA를 실시하고 사후검증으로 Scheffe's grouping 검정방법을 사용하였다. 분석결과 집단 간에 유의미한 차이를 보인 변인을 중심으로 살펴보고자 한다.

1) 미시체계 변인에 따른 노인학대 경험의 차이

① 미시체계 변인에 따른 노인의 정서적 학대 경험의 차이

노인의 정서적 학대 경험에 차이를 보이는 미시체계 변인은 노인의 성별, 결혼상태, 교육수준, 용돈(생활비)마련방법, 용돈수준, 자아존중감, 의존성으로 나타났다(〈표 9〉). 즉 여자노인일 때, 배우자와 사별했을 때, 교육수준이 무학일 때, 용돈 마련을 전적으로 자녀에게 의존할 때, 용돈수준이 20만 원 이하일 때, 자아존중감이 낮을 때, 일상적·도구적·인지적 생활능력에 따른 의존성이 높을 때 정서적 학대 경험이 더 높은 것으로 나타났다. 특히 노인의 정서적 학대 경험에는 결혼상태와 용돈마련을 어떻게 하느냐에 따라 유의미한 차이가 있는 것으로 나타났다. 본 연구결과에 비추어 노인에게 있어서 배우자는 심리적 또는 정서적인 자원이 될 수 있음을 알 수 있다. 또한 노인의 경제적 의존성은 가정 내에서의 통제나 자아존중감을 잃게 만들어 노인 스스로도 심리적인 위축감을 갖는 원인이 되기 때문에 더욱 정서적인 학대 경험을 높이는 요인이 되기도 한다.

② 미시체계 변인에 따른 노인의 신체적 학대 경험의 차이

노인의 신체적 학대 경험에 차이를 보이는 미시체계 변인은 교육수준, 용돈수준, 자아존중감, 의존성으로 나타났다(〈표 9〉 참조). 즉 노인의 교육수준이 무학일 때, 용돈수준이 20만원 이하일 때, 자아존중감이 낮을 때, 일상적·도구적·인지적 기능에 따른 의존성이 높을 때 신체적 학대의 경험이 높은 것으로 나타났다.

③ 미시체계 변인에 따른 노인의 재정적 학대 경험의 차이

노인의 재정적 학대 경험에 영향을 미치는 미시체계 변인은 노인의 결혼상태, 의존성으로 나타났다(〈표 9〉 참조). 즉 배우자와 사별했을 때, 일상적·도구적·인지적 생활능력에 따른 의존성이 높을 때 재정적 학대의 경험이 더 높은 것으로 나타났다. 배우자는 노인에게 있어서 정서적인 자원이 될 뿐만 아니라, 경제적인 자원도 되고 있음을 엿볼 수 있다. 또한 노인의 의존성이 높아짐에 따라 경제적 요구 역시 높아지게 되고, 자신의 경제적 욕구충족을 스스로 보다는 타인에게 의존할 확률이 높아지게 되기 때문에 재정적 학대 경험을 느끼게 될 가능성이 더욱 많아지게 된다.

④ 미시체계 변인에 따른 노인의 총학대 경험의 차이

전체적으로 노인의 총학대 경험에 영향을 미치는 미시체계 변인은 노인의 성별, 교육수준, 용돈수준, 자아존중감, 의존성으로 나타났다. 즉 여자노인일 때, 교육수준이 무학일 때, 용돈수준이 20만 원 이하일 때, 자아존중감이 낮을 때, 일상적·도구적·인지적 능력에 따른 의존성이 높을 때 노인의 학대 경험이 높은 것으로 나타났다. 따라서 노인의 연령, 결혼상태를 제외하고 설정한 미시체계 변인 모두에 따라 노인학대의 경험이 유의미한 차이를 보이고 있음을 알 수 있다. 성별에 상관없이 홀로되어 배우자 없이

성인자녀와 동거하는 노인이 그렇지 않은 노인에 비해 학대를 받기가 더 쉽다는 선행연구들(Paveza 등, 1992; Hwalek et al., 1996; 김미경, 1998)과는 달리 결혼상태는 유의미한 차이를 보이지 않았으나, 학대 피해자의 대부분이 여성이며(Wiehe, 1998; Wolf & Li, 1999; 성향숙, 1997), 교육수준이 낮고(Shiferaw et al., 1994; 김미경, 1998), 신체적·정신적·경제적 의존성이 높으며(Lachs & Pillemer, 1995; Neale 등, 1996 Lachs 등, 1997; 한동희, 1996), 자아존중감이 낮은 노인(윤진, 1994; 김정옥·한동희, 1995)이 학대를 더 많이 받을 가능성이 높다는 선행연구들과 일치된 결과임을 추측해 볼 수 있다.

종합적으로 설정된 미시체계 변인 중 노인의 연령은 세 가지 형태의 노인학대 경험에 유의미한 차이를 보이지 않았다. 이는 지금까지 고령의 노인이 학대를 받을 위험이 훨씬 높다는 선행연구(Wiehe, 1998)와는 다른 결과라 볼 수 있다. 전체적으로 노인학대 경험에는 설정된 미시체계 변인 중 연령과 결혼상태를 제외한 모든 변수들이 유의미한 차이를 보였으나, 세 가지 유형의 학대에 따라 그 내용이 다름을 알 수 있다. 즉 성별과 용돈마련은 정서적 학대에서만 차이를 보였으며, 교육수준, 용돈수준, 자아존중감은 정서적 학대와 신체적 학대에서만 유의미한 차이를 보였고, 결혼형태는 정서적 학대와 재정적 학대에서만 유의미한 차이를 나타냈다. 세 가지 모두의 유형에서 유의미한 차이를 보인 변인은 노인의 일상적·도구적·인지적 의존성으로, 기존의 선행연구들과 마찬가지로 만성병 등으로 인한 신체적 의존은 부양자에게 부담을 지울 수밖에 없고, 학대받을 가능성이 훨씬 높아질 수밖에 없음을 알 수 있다.

〈표 9〉 미시체계 변인에 따른 노인학대 정험의 차이　　　　　(N=200)

변인 (N)		정서적 학대			신체적 학대			재정적 학대			(전체) 노인학대		
		M	F.t	S	M	F.t	S	M	F.t	S	M	F.t	S
연령	70세 미만 (76)	1.71			1.52			1.23			1.45		
	70~79세 (79)	1.86	1.48		1.62	.53		1.32	.93		1.56	1.98	
	80세 이상 (45)	1.76			1.58			1.28			1.49		
성별	남자 (74)	1.50	-4.55***	B	1.50	-1.54		1.30	.57		1.38	-3.23***	B
	여자 (126)	1.94		A	1.63			1.26			1.57		A
결혼 상태	배우자와 함께 살고 있다 (75)	1.66	-1.93*	B	1.51	-.95		1.22	2.37*	B	1.47	-.75	
	사별하였다 (124)	1.85		A	1.61			1.37		A	1.52		
교육 수준	무학 (79)	2.09		A	1.82		A	1.31			1.69		A
	국민학교·서당 (65)	1.67	16.55***	B	1.49	10.07***	B	1.20	1.73		1.42	15.15***	B
	중학교 이상 (56)	1.46		B	1.33		B	1.33			1.33		B
용돈 마련	전적으로 자녀가 대준다 (109)	1.87	2.03*	A	1.58	.02		1.23	-1.62		1.53	.98	
	그 외 (91)	1.67		B	1.57			1.33			1.47		
용돈 수준	10만원 이하 (79)	1.96		A	1.72		A	1.30			1.61		A
	11~20만원 (54)	1.86	7.27***	A	1.69	5.12**	A	1.32	1.01		1.56	7.40***	A
	21~50만원 (41)	1.61		AB	1.35		AB	1.23			1.37		AB
	51만원 이상 (25)	1.30		B	1.27		B	1.17			1.23		B
자아 존중 감	상(높다) (52)	1.63		B	1.37		B	1.23			1.38		B
	중(중간) (89)	1.77	5.37*	AB	1.54	12.80***	AB	1.26	1.81		1.48	9.60**	AB
	하(낮다) (59)	1.93		A	1.81		A	1.34			1.63		A
의 존 성	상(높다) (64)	1.98		A	1.96		A	1.41		A	1.72		A
	중(중간) (55)	1.94	20.99**	A	1.54	35.47***	B	1.27	6.41**	AB	1.54	25.19***	B
	하(낮다) (76)	1.48		B	1.21		C	1.17		B	1.27		C

*p<.05 **p<.01 ***p<.001　S=Scheffe's grouping 검증

2) 중간체계 변인에 따른 노인학대 경험의 차이

① 중간체계 변인에 따른 노인의 정서적 학대 경험의 차이

노인의 정서적 학대 경험에 영향을 미치는 중간체계 변인은 남성부양자의 교육수준, 남성부양자의 직업, 남성부양자의 건강수준, 여성부양자

의 교육수준, 여성부양자의 건강수준, 부양자의 경제수준, 동거자녀와의 정서적 유대감, 자녀와의 관계만족도, 비동거자녀와의 접촉적 결속력, 비동거자녀와의 원조적 지원으로 나타났다(〈표 10〉). 즉 남성부양자의 교육수준이 중학교 졸업 이하일 때, 남성부양자의 직업이 단순근로직일 때, 남성부양자의 건강수준이 하(下)일 때, 여성부양자의 교육수준이 중학교 졸업 이하일 때, 여성부양자의 건강수준이 하(下)일 때, 부양자의 경제수준이 하(下)일 때, 동거자녀와의 정서적 유대감이 낮을 때, 자녀와의 관계만족도가 낮을 때, 비동거자녀와의 접촉정도가 낮을 때, 비동거자녀와의 원조적 결속력이 낮을 때 노인의 정서적 학대 경험이 높은 것으로 나타났다.

② 중간체계 변인에 따른 노인의 신체적 학대 경험의 차이

노인의 신체적 학대 경험에 영향을 미치는 중간체계 변인은 남성부양자의 연령, 남성부양자의 교육수준, 남성부양자의 직업, 남성부양자의 건강수준, 남성부양자의 음주정도, 여성부양자의 교육수준, 여성부양자의 건강수준, 부양자의 경제수준, 동거자녀와의 정서적 유대감, 자녀와의 관계만족도, 비동거자녀와의 접촉적 결속력으로 나타났다(〈표 10〉 참조). 즉 남성부양자의 연령이 40세 이상일 때, 남성부양자의 교육수준이 중졸 이하일 때, 남성부양자의 직업이 단순근로직일 때, 남성부양자의 건강수준이 하(下)일 때, 남성부양자의 음주정도가 높을 때, 여성부양자의 교육수준이 중졸 이하일 때, 여성부양자의 건강수준이 하(下)일 때, 부양자의 경제수준이 하(下)일 때, 동거자녀와의 정서적 유대감이 낮을 때, 자녀와의 관계만족도가 낮을 때, 비동거자녀와의 접촉정도가 낮을 때 노인의 신체적 학대 경험이 높은 것으로 나타났다.

부양자의 연령과 교육수준에 따른 결과를 통해 40세 이상 된 중년기 부양자들은 자신들의 연령과 관련된 신체적, 정서적, 경제적 변화를 겪게

되고, 이러한 상황에서 부양자가 가지고 있는 신체적, 정서적, 경제적 자원이 부족하다면 의도적이든, 그렇지 않든 간에 노인에게 신체적 학대를 하게 될 잠재성이 높아지게 된다고 해석할 수 있다. 또한 남녀 부양자 모두의 낮은 교육수준은 노인과 관련된 지식 및 이해의 부족현상을 낳을 수 있기 때문에 적극적 또는 수동적 의미에서의 신체적 학대를 가하게 할 수 있는 요인이 될 수 있다. 그리고 부양자의 비동거자녀와의 결속력 역시 노인의 신체적 학대와 관계가 있는 점으로 미루어, 부양자를 도울 수 있는 인적자원이 노인의 신체적 학대 경험에 있어서 매우 중요한 역할을 행하는 것을 알 수 있다. 특히 부양자녀의 경제적 조건이 불안정하고, 거기다 다른 자녀도 부양의 자원이 되지 못할 가능성이 높을 때 신체적 학대가 일어날 가능성이 높음을 알 수 있다.

③ 중간체계 변인에 따른 노인의 재정적 학대 경험의 차이

노인의 재정적 학대 경험에 영향을 미치는 중간체계 변인은 자녀와의 관계만족도로 나타났다(〈표 10〉 참조). 즉 자녀와의 관계만족도가 낮을 때 노인의 재정적 학대 경험이 높은 것으로 나타났으며, 그 이외 변수들은 별다른 유의미한 차이를 보이지 않았다. 대개 노인의 신체적, 인지적 장애로 인해 노인 자체가 재정적 관리를 행하는 데 혼동을 일으켜 학대를 경험하거나, 가족 또는 가족 외의 사람에 의해 사기를 당하거나, 의도적으로 속임을 당한다는 서구의 연구(Wiehe, 1998)와는 달리, 우리나라 노인들은 대다수가 자신의 노후를 위해 축적해 놓은 돈이 그리 많지 않은 세대이다. 따라서 대부분의 노인들이 자신의 돈을 자녀가 함부로 사용함으로써 당하는 재정적 학대 경험보다는 자녀에게만 의존함으로써 생기는 재정적 학대 경험이 좀 더 많을 것이라 여긴다. 그러므로 용돈 및 생활비를 자녀에게만 의존하는 데 있어서 지금까지 자녀와의 관계가 어떠했는지가 노인의 재정적 학대 경험에 매우 중요한 변수임을 알 수 있다.

④ 중간체계 변인에 따른 노인의 총학대 경험의 차이

성인자녀와 동거하고 있는 노인의 총학대 경험에 영향을 미치는 중간체계 변인은 남성부양자의 교육수준, 남성부양자의 직업, 남성부양자의 건강수준, 남성부양자의 음주정도, 여성부양자의 교육수준, 여성부양자의 건강수준, 부양자의 경제수준, 동거자녀와의 정서적 유대감, 자녀와의 관계만족도, 비동거자녀와의 접촉적 결속력으로 나타났다(〈표 10〉 참조). 즉 남성부양자의 교육수준이 중졸 이하일 때, 남성부양자의 직업이 단순근로직일 때, 남성부양자의 건강수준이 하(下)일 때, 남성부양자가 음주정도가 높을 때, 여성부양자의 교육수준이 중졸 이하일 때, 여성부양자의 건강수준이 하(下)일 때, 부양자의 경제수준이 하(下)일 때, 동거자녀와의 정서적 유대감이 낮을 때, 자녀와의 관계만족도가 낮을 때, 비동거자녀와의 접촉적 결속이 낮을 때 노인의 학대 경험이 높은 것으로 나타났다(〈표 10〉 참조).

대개 여성이 남성보다 노인부양을 더 부담스러워하고 스트레스를 많이 받는 것으로 나타나지만(Pillemer & Suitor, 1992), 남녀 모두 노인학대와 관련된다는 선행연구들(Pillemer & Finkelhor, 1988; Suitor, Pillemer & Straus, 1990)과 같이 남성부양자나 여성부양자의 인구학적 특성(교육수준, 건강수준, 직업, 음주정도)에 따라 노인의 학대 경험에 유의미한 차이가 있는 것으로 나타나고 있다. 특히 부양자의 교육수준이 낮을수록 노인의 학대 경험이 높은 것으로 나타난 것은 이선이(1998)의 연구결과와도 일치되며, 또한 경제적 압박에 직면한 부양자는 노인 부양 자체가 원망의 대상이 될 수 있고, 그에 따른 좌절감으로 노인을 학대할 수 있다는 선행연구들(Lachs & Pillemer, 1995; 한동희, 1996 이선이, 1998; 이성희·한은주, 1998)과 같이 부양자의 경제수준이 낮을수록 노인의 학대 경험이 높은 것으로 나타났다. 이를 통해 현재 우리나라의 IMF 이후 경제적 상황을 고려해 볼 때 학대의 위기에 처한 노인들이 증가할 수 있음을 예측해 보게 한다.

 또한 동거자녀와의 정서적 유대감 및 관계만족도에 따른 결과를 통해 세대 간의 낮은 관계의 질은 친밀한 가족유대를 어렵게 만드는 요인이 될 수 있고, 그로 인해 잠재적인 학대의 원인이 되리라 여긴다. 그리고 부양자가 노부모를 부양할 때 도움을 청할 수 있는 다른 자원이 없다면, 부양으로 인해 야기될 수 있는 지속적인 요구로 인해학대 또는 비효과적인 부양을 일으킬 수 있다는 선행연구(Hugman, 1995)와 같이, 비동거자녀는 노인이나 동거하는 자녀 모두에게 하나의 자원이 될 수 있다. 즉 노인들이 자녀와 접촉하는 양이 많을수록 학대 경험이 낮은 것으로 나타난 선행연구(전길양·송현애, 1997)와 같이, 현재 동거하고 있지 않은 자녀들은 노인에게 있어서 정서적, 도구적 지원이 되고 있고, 부양자와의 부정적인 관계를 완충시켜줄 수 있는 중재요인이 될 수 있음을 알 수 있다. 따라서 노인학대 경험의 예방과 감소를 위해서는 노인과 성인자녀 간의 유대와 결속도를 높이는 것이 매우 필요한 일이라 생각된다.

 종합하자면, 설정된 중간체계 변인 중 남성부양자의 연령, 부양기대감, 비동거자녀와의 원조적 결속력만 유의미한 차이를 보이지 않고 그 외 변인들은 그 내용에 따라 차이가 있는 것으로 나타났다. 중간체계 변인 역시 각각의 세 가지 학대 유형에 따라 그 내용이 다르게 나타났다. 즉 남성부양자의 연령과 음주정도는 신체적 학대에서만 차이를 보였고, 남성부양자의 교육수준, 직업, 건강수준 그리고 여성부양자의 교육수준, 건강수준, 부양자의 경제수준, 동거자녀와의 정서적 유대감, 비동거자녀와의 접촉적 결속력은 정서적 학대와 신체적 학대에서만 차이를 보였다. 또한 비동거자녀와의 원조적 결속력은 정서적 학대에서만 유의미한 차이를 나타냈다. 세 가지 모두의 형태에서 유의미한 차이를 보인 변인은 자녀와의 관계만족도로 결국 자녀와의 관계가 원만하지 못할 때 세 가지 유형의 학대를 받을 가능성을 높은 것으로 해석할 수 있다.

〈표 10〉 중간체계 변인에 따른 노인학대 경험의 차이

변인 (N)		정서적 학대			신체적 학대			재정적 학대			(전체) 노인학대		
		M	F.t	S	M	F.t	S	M	F.t	S	M	F.t	S
남성부양자의 연령	30세 이하 (9)	1.65			1.11		B	1.19			1.30		
	40세 이하 (55)	1.69	.52		1.49	2.22*	A	1.26	.11		1.44	1.76	
	50세 이하 (64)	1.83			1.64		A	1.27			1.53		
	51세 이하 (59)	1.81			1.57		A	1.27			1.53		
남성부양자의 교육수준	중졸 이하 (29)	2.27		A	2.09		A	1.27			1.81		A
	고졸 이하 (56)	1.78	10.44**	B	1.55	12.18***	B	1.32	.62		1.51	11.55***	B
	전문대졸 이상 (102)	1.63		B	1.44		B	1.24			1.40		B
남성부양자의 직업	무직 (21)	1.94		B	1.80			1.26			1.61		B
	단순근로직 (10)	2.37		A	2.50		A	1.45			2.05		A
	기술질 (14)	2.11	4.59***	B	1.50	7.99***	B	1.21	1.08		1.59	7.77***	B
	자영업주 (54)	1.76		B	1.63		B	1.33			1.53		B
	사무직(관리직, 전문직 포함) (85)	1.60		C	1.39		B	1.22			1.36		B
남성부양자의 건강수준	상 (140)	1.73		B	1.51		B	1.28			1.46		B
	중 (25)	1.69	3.92*	B	1.43	10.18***	B	1.21	.26		1.40	6.31**	B
	하 (22)	2.16		A	2.15		A	1.26			1.78		A
남성부양자의 음주정도	전혀 마시지 않음 (45)	1.73			1.52		A	1.24			1.47		AB
	마시지 않는 편 (25)	1.51			1.23		B	1.21			1.28		B
	보통 (65)	1.79	1.90		1.60	4.35**	A	1.20	2.68		1.48	3.12*	AB
	마시는 편 (20)	2.07			1.55		A	1.24			1.59		AB
	매우 많이 마심 (32)	1.82			1.94		A	1.48			1.65		A
여성부양자의 교육수준	중졸 이하 (41)	2.07		A	1.66		A	1.30			1.65		A
	고졸 이하 (85)	1.78	8.64***	AB	1.58	2.91*	AB	1.32	2.09		1.50	8.02***	AB
	전문대졸 이상 (51)	1.49		B	1.38		B	1.17			1.32		B
여성부양자의 건강수준	상 (145)	1.70		B	1.51		B	1.28			1.45		B
	중 (22)	1.92	6.17**	AB	1.52	3.24*	B	1.24	.14		1.54	4.73**	AB
	하 (10)	2.43		A	2.00		A	1.33			1.85		A
부양자의 경제수준	상 (6)	1.56		B	1.25		B	1.17			1.31		B
	중상 (81)	1.51	11.67***	B	1.42	12.56***	B	1.30	.45		1.37	11.87***	B
	중하 (92)	1.89		AB	1.56		B	1.25			1.53	1	B
	하 (21)	2.37		A	2.33		A	1.33			1.93		A

변인 (N)			정서적 학대			신체적 학대			재정적 학대			(전체) 노인학대		
			M	F.t	S	M	F.t	S	M	F.t	S	M	F.t	S
동거자녀 와의 정서적 유대감	상(높다)	(53)	1.49		B	1.29		B	1.26			1.32		B
	중(중간)	(80)	1.65	17.94***	B	1.58	8.45***	A	1.25	.57		1.45	14.14***	B
	하(낮다)	(67)	2.15		A	1.78		A	1.32			1.70		A
자녀와의 관계만족 도	상(높다)	(70)	1.43		C	1.28		B	1.14		B	1.26		C
	중(중간)	(48)	1.74	20.23***	B	1.68	12.16***	A	1.25	8.54***	AB	1.50	25.59***	B
	하(낮다)	(82)	2.09		A	1.77		A	1.41		A	1.70		A
부양 기대감	상(높다)	(49)	1.72			1.51			1.17			1.43		
	중(중간)	(83)	1.80	.23		1.58	.33		1.30	1.95		1.52	.90	
	하(낮다)	(68)	1.78			1.61			1.32			1.53		
비동거 자녀와의 접촉적 결속력	상(높다)	(26)	1.63		B	1.18		B	1.20			1.32		B
	중(중간)	(117)	1.64	8.17***	B	1.45	22.76***	B	1.26	2.17		1.42	15.07***	B
	하(낮다)	(47)	2.09		A	2.05		A	1.39			1.76		A
비동거 자녀와의 원조적 결속력	상(높다)	(37)	1.53		B	1.39			1.25			1.37		
	중(중간)	(90)	1.76	2.84*	AB	1.57	1.87		1.29	.16		1.49	2.39	
	하(낮다)	(63)	1.87		A	1.65			1.30			1.59		

*p<0.5 ** p<.01 *** p<.001   S=Scheffe's grouping 검증

3) 거시체계 변인에 따른 노인학대 경험의 차이

① 거시체계 변인에 따른 노인의 정서적 학대 경험의 차이

노인의 정서적 학대 경험에 영향을 미치는 거시체계 변인은 사회적 고립정도, 친척·친구·이웃으로부터의 정서적 지원 그리고 지역사회 서비스의 인지도로 나타났다(〈표 11〉 참조). 즉 여러 모임을 통해 많은 사람들과 만나는 노인일수록 정서적 학대 경험이 낮은 것으로 나타났으며, 친척·친구·이웃으로부터의 정서적 지원이 낮을 때 그리고 지역사회 서비스에 대한 인지도가 낮을 때 노인의 정서적 학대 경험이 높은 것으로 나타났다. 즉 사회적으로 적극적인 활동을 하는 노인들은 심리적인 대처 자원 및 위안을 얻을 수 있는 기회가 많아지고, 이에 따라 감정적인 위

축감이 줄어들게 된다. 따라서 노인들이 가족 내에서 경험하는 정서적 학대 경험을 줄이기 위해서는 적극적인 여가활동이나 사회활동이 모색되어지고, 장려되어야 할 것이다. 또한 총학대 경험과는 다르게 친척·친구·이웃으로부터의 정서적 지원에 따라 유의미한 차이를 보여 노인에게 있어서 친척, 친구, 이웃이 제공하고 있는 정서적 지원이 노인의 심리적인 사기에 중요한 변수임을 알 수 있다. 신체적 폭행을 제외한 다른 학대유형은 외부에 알리지 않고 참는다는 반응이 가장 높게 나타난 연구결과(한국형사정책연구원, 1995)에 비추어, 노인 자신이 이용할 수 있는 지역사회 서비스에 대한 인지가 높다는 것은 가족으로부터 받을 수 있는 정서적 학대를 극복할 수 있도록 하는 대응방안을 마련하는 데 도움이 되리라 여긴다.

② 거시체계 변인에 따른 노인의 신체적 학대 경험의 차이

노인의 신체적 학대 경험에 영향을 미치는 거시체계 변인은 지역사회 서비스의 인지도, 지역사회 서비스의 이용도로 나타났다(〈표 11〉). 즉 지역사회 서비스에 대한 인지도가 낮을 때, 지역사회 서비스의 이용도가 높을 때 노인의 신체적 학대 경험이 높은 것으로 나타났다. 정서적 학대와 마찬가지로 지역사회 서비스에 대한 인지가 낮을수록 신체적 학대를 더 많이 경험한다는 연구결과를 통해 노인들 자신이 자원으로서 이용할 수 있는 대처방안 탐색에 대해 매우 소극적인 것도 문제이긴 하지만, 마찬가지로 지역사회 서비스에 대한 적극적인 홍보도 필요하리라 여긴다. 그러나 본 연구대상자들은 주변의 지역사회 서비스를 이용할수록 신체적 학대의 경험이 높은 것으로 나타난 점은 역으로 유추, 해석해 볼 수 있다. 본 연구대상자들이 가장 많이 이용하는 지역사회 서비스 내용은 노인정으로 가정 내에서 신체적 학대를 받는 노인들은 하나의 도피처로서 노인정을 이용하고 있다 볼 수 있다. 따라서 본 연구에서 노인정 이용

빈도는 노인들의 신체적 학대 경험과 관련되어 나타나는 것으로 볼 수 있다.

③ 거시체계 변인에 따른 노인의 재정적 학대의 경험의 차이

본 연구에서 선정한 거시체계 변인에 따라 노인의 재정적 학대 경험은 별 유의미한 차이가 없는 것으로 나타났다.

④ 거시체계 변인에 따른 노인의 총학대 경험의 차이

성인자녀와 동거하고 있는 노인의 학대 경험에 영향을 미치는 거시체계 변인은 사회적 고립정도, 지역사회 서비스 인지도로 나타났다. 즉 노인이 적극적으로 여러 모임을 통해 다른 사람들을 만날 때, 지역사회 서비스에 대한 인지도가 높을 때 노인의 학대 경험이 낮은 것으로 나타났다(〈표 11〉). 사회적으로 고립된 노인이 학대를 받기가 쉽다는 선행연구들(Lachs & Pillemer, 1995; Lachs et al., 1997; Reis & Nahmiash, 1998; 한국형사정책연구원, 1995)과 일치된 결과로서, 고립된 노인들은 자신의 욕구를 집 밖의 조직체나 다른 사람들을 통하여 직접적 또는 간접적 원조를 받을 수 없기 때문에 학대를 받고 있다 하더라도, 그냥 참고 사는 상황을 만들 수 있다. 외부에서 부양역할을 원조 받을 수 있다면, 즉 다른 말로 쇼핑, 운송, 가정관리 등의 지원을 받을 수 있는 이웃 또는 친구를 두고 있는 노인이라면 의도적으로 학대를 받을 수 있는 상황이 훨씬 많이 줄어든다는 미국의 연구결과(Douglass, 1989)와는 다르게 본 연구에서는 친척·친구·이웃으로부터의 정서적·도구적 지원과 별 상관이 없는 것으로 나타났다. 또한 노인학대의 전형적인 희생자들은 도움을 받을 수 있는 지역사회 자원에 대해 거의 모르고 있으며, 어떤 대안에 대해 두려움을 가지고 있다는 연구결과(이해영, 1996)와 같이 본 연구대상자들 역시 지역사회 서비스에 대한 인지도가 낮을수록 학대를

받을 위험이 높은 것으로 나타났다. 현재 우리나라에서 시행되고 있는 노인복지제도의 인지나 이용도는 열악한 지원체계에 놓여있는 노인들로 하여금 이용이 가능한 대처자원이 될 수 있는데 이러한 대처자원에 대한 인지는 학대의 위기를 완화시켜줄 수 있는 요인이 될 수 있음을 알 수 있다. 따라서 노인들에게 제공되어야 할 복지서비스의 개발도 급선무이 지만, 이와 더불어 이를 노인들이 인식하고, 이용할 수 있도록 하는 일이 함께 이루어져야 하겠다.

   종합적으로, 설정된 거시체계 변인 중 사회적 고립정도와 지역사회 서비스 인지만이 노인학대 경험에 유의미한 차이를 보였다. 다른 체계 변인과 마찬가지로 거시체계 변인 역시 세 가지 학대 유형에 따라 다른 결과를 보이는 것으로 나타냈는데, 사회적 고립과 친척·친구·이웃으로부터의 정서적 지원은 정서적 학대에서만 유의미한 차이를 보였고, 지역사회 서비스 이용도는 신체적 학대에서만 유의미한 차이를 보였다. 그리고 지역사회 서비스 인지도는 정서적 학대와 신체적 학대에서만 유의미한 차이를 보였다. 이를 통해 노인학대 문제에 대한 사회정책적 접근은 노인이 경험할 수 있는 학대 유형에 따라 다르게 행해져야 함을 알 수 있다.

〈표 11〉 거시체계 변인에 따른 노인학대 경험의 차이

변인 (N)		정서적 학대 M	F.t	S	신체적 학대 M	F.t	S	재정적 학대 M	F.t	S	(전체) 노인학대 M	F.t	S
사회적 고립정도	주로 혼자 (34)	2.03		A	1.63			1.29			1.62		A
	함께 사는 가족과 (26)	1.94	9.21***	A	1.43	1.80		1.31	.34		1.54	8.49***	A
	동네 이웃들과 (83)	1.89		A	1.79			1.30			1.59		A
	여러 모임을 통해 만난다 (57)	1.40		B	1.30			1.23			1.27		B
친척·친구·이웃으로부터의 정서적 지원	상(높다) (56)	1.71		AB	1.66			1.27			1.49		
	중(중간) (74)	1.66	3.67*	B	1.48	1.27		1.34	1.87		1.46	.90	
	하(낮다) (70)	1.95.		A	1.61			1.21			1.55		
친척·친구·이웃으로부터의 도구적 지원	상(높다) (62)	1.73			1.73			1.22			1.55		
	중(중간) (61)	1.78	.74		1.49	2.39		1.24	2.25		1.48	.50	
	하(낮다) (58)	1.89			1.51			1.22			1.49		
지역사회 서비스 인지도	상(높다) (54)	1.62		B	1.42		B	1.26			1.40		B
	중(중간) (67)	1.67	4.87**	AB	1.50	4.62**	B	1.22	1.13		1.43	6.54**	B
	하(낮다) (79)	1.96		A	1.75		A	1.33			1.63		A
지역사회 서비스 이용도	상(높다) (56)	1.74			1.76		A	1.30			1.53		
	중(중간) (50)	1.69	.70		1.38	5.08**	B	1.33	1.11		1.43	.77	
	하(낮다) (77)	1.83			1.52		B	1.22			1.50		
노인차별주의	상(높다) (62)	1.88			1.70			1.36			1.58		
	중(중간) (68)	1.74	1.07		1.47	1.91		1.22	2.00		1.44	2.09	
	하(낮다) (70)	1.72			1.57			1.36			1.48		
가족주의	상(높다) (58)	1.75			1.55			1.23			1.47		
	중(중간) (78)	1.83	.39		1.61	.16		1.23	2.34		1.54	.20	
	하(낮다) (64)	1.73			1.55			1.37			1.51		

*p<.05 ** p<.01 *** p<.001   S=Scheffe's grouping 검증

4. 노인학대 경험에 대한 체계(미시체계, 중간체계, 거시체계)변인들의 영향력

〈연구문제 3〉인 조사대상자의 학대 경험에 대한 미시체계, 중간체계, 거시체계 변인들의 영향력을 알아보기 위하여, 먼저 각 변인들 간의 상관관계 분석을 실시하였다. 이를 통해 독립변인들 간에 다중공선성이 있는 독립변인을 제거한 후, 두 번째로 미시체계, 중간체계, 거시체계의 변인들을 체계별로 하나의 독립군으로 묶어 한 군씩 대입하는 위계적 회귀분석(hierarchical regression)을 실시하였다.

먼저 노인학대 경험의 하위영역인 정서 학대, 신체적 학대, 재정적 학대에 대한 생태학적 연구모형을 분석하기 위한 첫 단계로써 미시체계 변인 8개, 중간체계 변인 13개, 거시체계 변인 7개인 총 28개 변인들 간의 다중공선성 여부를 확인하기 위해 Pearson의 적률상관계수를 구하였다. 그 결과 중간체계 변인 중 남성부양자의 교육수준과 여성부양자의 교육수준, 남성부양자의 건강수준과 여성부양자의 건강수준이 .70 이상인 것으로 나타나 이중 여성부양자의 교육수준과, 건강수준을 제외시키고, 남성부양자의 특성만을 회귀분석에 사용하였다. 또한 미시체계 변인인 의존성에 따른 세부요인과 중간체계 변인인 비동거자녀와의 결속력에 따른 세부요인, 외체계 변인인 친척·이웃·친구로부터의 지원에 따른 세부요인 역시 각각 상관관계가 .60 이상인 것으로 나타났기 때문에 요인별이 아닌 전체 점수를 회귀분석 시에 사용하였다. 변인들 간의 최종적인 상관계수는 〈부록 2〉에 나와 있는 것과 같다.

1) 노인의 정서적 학대 경험에 대한 체계 변인들의 영향력

먼저 세 가지 체계 변인으로 묶이는 26개의 독립변인 중 노인학대에 대해 유의미한 관련성이 있는 변인을 파악하기 위해 위계적 회귀분석(hierarchical regression)을 실시하였으며 그 결과는 다음 〈표 12〉와 같다. 이 표에서 알 수 있는 바와 같이 각 체계 별로 분류된 3개의 독립변인 중 가장 중요한 역할을 하는 변인군은 전체 노인학대 경험과 마찬가지로 개인적 특성인 미시체계 변인으로 그 설명력은 22.7%이다. 그중에서도 성별(β=-.196, p<.01), 의존성(β=.196, p<.01), 교육수준(β=-.159, p<.01)이 유의한 효과를 가지는 것으로 나타났다. 즉 여자노인일 때, 노인의 의존성이 높을수록 그리고 교육수준이 낮을수록 노인의 정서적 학대 경험이 높음을 의미한다.

다음 단계에서 가족적 특성인 중간체계 변인을 추가함으로써 설명력은 36.6%로 17.1%의 증가를 보였으며, 구체적으로 자녀와의 관계만족도(β=-.344, p<.001), 동거자녀와의 정서적 유대감(β=-.165, p<.05)변인이 유의한 것으로 나타났다. 즉 자녀와의 관계만족도가 낮을수록, 동거자녀와의 정서적 유대감이 낮을수록 노인의 정서적 학대 경험이 높음을 의미한다.

세 번째 모델에서 거시체계 변인을 추가함으로써 설명력은 37.1%로 0.5%의 증가를 보였으며, 구체적으로 친척·이웃·친구로부터의 정서적 지원(β=-.184, p<.05)만이 유의미한 효과를 나타냈다. 즉 친척·이웃·친구로부터의 정서적 지원이 낮을 때 노인의 정서적 학대 경험이 높음을 의미한다.

이상의 결과를 종합하면, 노인의 정서적 학대 경험 역시 미시체계인 개인적 특성(23%)이 가장 많은 영향을 미치는 것으로 나타났다. 총학대 경험과 마찬가지로 노인의 신체적·인지적 장애로 인한 의존성과 성별은 노인의 정서적 학대 경험에 영향을 미치는 변수로 나타났다. 그러나 중간 체계인 가족적 특성(17%) 역시 간과할 수 없을 만큼의 영향력을 미치는 변수로 나타난 점 역시 주목해야 하겠다. 일반적으로 정서적 학대는 피해 자와 가해자가 별로 좋지 않은 관계와 관련이 있는 것으로 나타나고 있 다(Douglass, 1989). 본 연구결과 역시 자녀와의 관계만족도가 가장 중요 한 작용을 하는 원인으로 나타나 정서적 학대의 일반적 원인을 지지해 주었다. 노인들은 자신의 소외 또는 고독의 문제를 주로 자녀에게 의존하 며 해결하려는 경향이 높기 때문에 우선적으로 자녀와의 정서적 관계 및 유대감이 노인의 정서적 학대에 가장 중요한 원인으로 작용하는 것이라 여긴다. 그리고 가장 낮은 설명량을 보이긴 하였지만, 개별적으로 친척· 이웃·친척으로부터의 정서적 지원이 노인의 정서적 학대에 영향을 미치 는 것으로 나타나 거시체계 변인 역시 고려되어져야 함을 알 수 있다.

따라서 노인의 정서적 소외 및 외로움 역시 노인 자신의 개인적 특성 뿐만 아니라, 가족적 특성, 사회·문화적 특성이 모두 영향을 미치는 것 으로 나타나, 기존의 단일차원의 접근방법에 의해 나타난 결과와는 구별 되는 차별성을 지닌다고 볼 수 있다. 즉 노인의 정서적 학대 경험을 감 소하고 예방하기 위해서는 여성노인들의 삶에 대한 관심 및 노인의 의존 성을 대처하기 위한 방안 마련뿐만 아니라, 성인자녀와의 결속도를 높여 주고, 노인의 사회적 관계망을 넓혀줄 수 있는 다각적인 방안이 마련되 어져야 할 것이다.

⟨표 12⟩ 정서적 학대에 대한 회귀분석

결 과　　　　독립변인	모델 1 미시체계 (개인적 특성) B	모델 1 미시체계 (개인적 특성) β	모델 2 중간체계 (가족적 특성) B	모델 2 중간체계 (가족적 특성) β	모델 3 거시체계 (사회·문화적 특성) B	모델 3 거시체계 (사회·문화적 특성) β
성별(남자=1)	-.285	-.196**	-.200	-.142*	-.218	-.155*
연령	.001	.011	.007	.078	.007	.074
결혼상태(결혼해서 함께 살고 있다=1)	.006	.043	.007	.005	-.027	-.019
교육수준	-.137	-.159**	-.079	-.094	-.059	-.070
용돈수준	-.067	-.101	-.040	-.061	-.006	-.009
용돈원천(자녀 외=1)	.039	.028	-.080	-.058	-.074	-.054
자아존중감	-.091	-.104	.021	.024	.066	.074
의존성	.193	.196**	.167	.177**	.145	.154*
남자부양자의 연령			-.008	-.103	-.009	-.132
남자부양자의 교육수준			-.002	-.002	-.008	-.012
남자부양자의 직업(단순근로직=1)			-.079	-.026	-.141	-.020
남자부양자의 건강수준			.028	.028	-.016	-.015
남자부양자의 음주정도			.066	.078	.053	.056
자녀의 경제상태			-.076	-.075	-.057	-.077
동거자녀와의 정서적 유대감			-.138	-.165*	-.144	-.181*
비동거자녀와의 접촉적 결속력			-.031	-.043	-.045	-.043
비동거자녀와의 원조적 결속력			-.020	-.027	-.004	-.002
자녀와의 관계만족도			-.280	-.344***	-.294	-.360***
부양기대감			.036	.041	.032	.037
사회적 고립정도					-.043	-.065
친척·이웃·친척으로부터의 정서적 지원					-.153	-.184*
친척·이웃·친구로부터의 도구적 지원					.068	.071
지역사회 서비스의 인지도 (알고 있음=1)					-.054	-.016
지역사회 서비스의 이용도 (이용한 적 있다=1)					.507	.070
노인차별주의					.073	.073
가족주의					-.071	-.064
Intercept	2.086		2.900		3.374	
Adjusted R^2	.195		.366		.371	
Adjusted R^2의 증가량			.171		.005	
F	6.96***		6.26**		4.92***	

* $p < .05$ ** $p < .01$ *** $p < .001$

2) 노인의 신체적 학대 경험에 대한 체계 변인들의 영향력

노인의 신체적 학대에 영향을 미치는 변인을 조사하기 위하여 위계적 회귀분석을 수행하였는데 그 결과는 다음과 같다. 〈표 13〉에 나타난 바와 같이 각 체계별로 분류된 3개의 변인군 중 노인의 신체적 학대 경험을 가장 잘 설명하는 변인군은 미시체계 변인군으로, 나머지 두 개의 독립변인군의 설명력을 제외하고도 30.7%를 단독으로 설명하고 있다. 특히 미시체계 변인 중에서 노인의 의존성(β=.428, p<.001), 용돈마련방법(β=-.157, p<.05), 교육수준(β=-.135, p<.05), 자아존중감(β=-.127, p<.05) 순으로 유의한 영향을 미치는 것으로 나타났다. 즉 노인의 의존성이 높을수록, 용돈을 전적으로 자녀에게만 의존할수록, 교육수준이 낮을수록, 자아존중감이 낮을수록 노인의 신체적 학대 경험이 높음을 의미한다. 총 학대 경험과 정서적 학대 경험에서 나타나지 않았지만, 신체적 학대 경험에 영향을 미치는 것으로 나타난 미시체계 변인은 노인의 자아존중감과 용돈마련방법이다. 즉 자아존중감이 낮고, 전적으로 자녀에게 경제적인 의존을 하고 있는 노인들은 삶에 대해 무기력한 상태이기 때문에 신체적인 학대를 받는다 하더라도 또 다른 대처방안을 마련하는 데 있어서 매우 소극적일 수밖에 없을 것이다. 또한 삶에 대해 체념적이고, 자신에 대해 부정적인 태도를 형성하고 있는 노인은 자녀와의 관계 역시 부정적인 기술을 사용한다든지, 또는 자녀로부터 부양받는 일 자체를 거부하여 신체적 학대를 증가시키는 요인이 될 수 있다.

다음으로 중간체계 변인을 추가함으로써 나타난 설명력은 50.8%로 23%의 증가를 보였으며, 비동거자녀와의 접촉적 결속력(β=-.382, p<.001), 자녀와의 관계만족도(β=-.200, p<.01), 자녀의 경제상태(β=-.155, p<.05), 부양자의 연령(β=-.143, p<.05), 음주정도(β=.111, p<.05) 순으로 유의한 영향을 미치는 것으로 나타났다. 즉 비동거자녀와의 접촉적 결속력이 높을

때, 자녀와의 관계만족도가 높을 때, 자녀의 경제상태가 어려울 때, 부양자의 연령이 낮을수록, 부양자의 음주정도가 높을수록 노인의 신체적 학대 경험이 높음을 의미한다. 그러나 모델 1에서 유의하게 나타났던 교육수준, 용돈마련방법, 자아존중감의 효과는 모델 2에서 나타나지 않았다. 즉 교육의 혜택을 받지 못한 노인과 노후를 위한 경제적 준비가 미흡하여 자녀에게 의존할 수밖에 없는 노인들이 모두 신체적 학대 경험의 위기에 처한다라기보다는 다른 상황적 특성과 복합되어 노인의 신체적 학대 경험에 간접적인 영향을 미치는 것으로 볼 수 있다. 이를 통해 노인의 신체적 학대 경험은 노인 자신의 개인적 특성보다는 부양자와 관련된 가족적 특성에 따른 원인으로 인해 더 많이 일어날 수 있음을 알 수 있다.

세 번째 모델인 거시체계 변인을 추가함으로써 설명력은 57.9%로 늘어나고, 전체적으로 7.1%의 증가량을 보였다. 구체적으로 친척·이웃·친구로부터의 도구적 지원(β=-.319, p<.001), 지역사회 서비스의 이용도(β=.239, p<.001)가 유의한 영향을 미치는 것으로 나타났다. 즉 친척·이웃·친구로부터의 도구적 지원이 낮을 때, 지역사회 서비스의 이용도가 높을 때 노인의 신체적 학대 경험이 높음을 의미한다. 그러나 모델 2에서 유의하게 나타났던 남자부양자의 음주정도는 그 효과가 사라졌다.

이상의 결과를 종합하면, 노인의 신체적 학대 경험에는 미시체계 변인, 중간체계 변인, 거시체계 변인 모두가 상당한 영향력을 미친다고 할 수 있다. 특히 가장 많은 영향력을 미치는 변인은 미시체계 변인인 개인적 특성이며, 개별적으로도 노인의 의존성이 가장 많은 영향을 미치는 것으로 나타났다. 그러나 다른 체계 변인들이 투입됨으로써 노인의 의존성을 제외한 다른 변수들의 효과가 사라진 결과를 통해 가족의 지원 또는 사회의 지원이 부족하여 노인의 의존성을 상쇄시키지 못할 때 더욱 신체적 학대 경험의 가능성이 높아진다 할 수 있다.

〈표 13〉 신체적 학대에 대한 회귀분석

결 과 독립변인	모델 1 미시체계 (개인적 특성)		모델 2 중간체계 (가족적 특성)		모델 3 거시체계 (사회·문화적 특성)	
	B	β	B	β	B	β
성별(남자=1)	-.021	-.015	.014	.010	.057	.015
연령	-.001	-.012	-.006	-.064	-.002	-.020
결혼상태(결혼해서 함께 살고 있다=1)	.004	.032	.023	.016	-.014	-.020
교육수준	-.112	-.135*	-.002	-.003	-.005	-.045
용돈수준	-.055	-.086	-.001	-.016	.023	.039
용돈원천(자녀 외=1)	.213	-.157*	.134	.100	.014	.030
자아존중감	-.106	-.127*	.033	.038	.051	.054
의존성	.405	.428***	.370	.400***	.317	.342***
남자부양자의 연령			-.003	-.143*	-.012	-.150*
남자부양자의 교육수준			.026	.029	-.037	-.041
남자부양자의 직업(단순근로직=1)			.294	.098	.447	.049
남자부양자의 건강수준			-.059	-.061	-.066	-.069
남자부양자의 음주정도			.092	.111*	.059	.071
자녀의 경제상태			-.155	-.155*	-.160	-.188*
동거자녀와의 정서적 유대감			.023	.028	.003	.033
비동거자녀와의 접촉적 결속력			-.276	-.382***	-.240	-.332***
비동거자녀와의 원조적 결속력			.081	.113	.044	.063
자녀와의 관계만족도			-.160	-.200**	-.187	-.233***
부양기대감			-.050	-.059	-.033	-.038
사회적 고립정도					.047	.073
친척·이웃·친척으로부터의 정서적 지원					-.128	-.157
친척·이웃·친구로부터의 도구적 지원					-.296	-.319***
지역사회 서비스의 인지도 (알고 있음=1)					-.377	-.115
지역사회 서비스의 이용도 (이용한 적 있다=1)					.170	.239***
노인차별주의					-.093	-.095
가족주의					.103	.095
Intercept	1.435		2.752		2.741	
Adjusted R²	.278		.508		.579	
Adjusted R²의 증가량			.230		.071	
F	10.47***		10.41***		10.14***	

* p<.05 ** p<.01 *** p<.001

3) 노인의 재정적 학대 경험에 대한 체계 변인들의 영향력

노인의 재정적 학대에 영향을 미치는 변인을 조사하기 위하여 위계적 회귀분석을 실시한 결과는 다음 〈표 14〉와 같다. 이 표에서 알 수 있는 바와 같이 각 체계별로 분류된 3개의 변인군중 노인의 재정적 학대를 가장 잘 설명하는 변인군은 미시체계로 나머지 세 개의 독립변인군의 설명력을 제외하고도 11.4%를 단독으로 설명하고 있다. 특히 미시체계 변인 중 노인의 의존성(β=.267, p<.001), 용돈마련방법(β=-.226, p<.01), 결혼상태(β=-.224, p<.01), 용돈수준(β=-.163, p<.05) 순으로 유의한 영향을 미치는 것으로 나타났다. 즉 노인의 의존성이 높을수록, 용돈을 전적으로 자녀에게만 의존할수록, 배우자와 사별했을 때, 용돈수준이 낮을수록 노인의 재정적 학대 경험이 높음을 의미한다.

다음으로 중간체계 변인을 추가함으로써 설명력은 12.1%로 나타나 전체적으로 7%의 증가를 보였으며, 자녀와의 관계만족도(β=-.209, p<.01) 변인이 유의한 영향을 미치는 것으로 나타났다.

세 번째 모델에서는 거시체계 변인을 추가하였는데, 설명력이 12.7%로 총 6%의 증가량을 보였다. 그중 지역사회 서비스의 이용도(β=.182, p<.05)가 유의한 영향을 미치는 것으로 나타났다.

이상의 결과를 종합하면, 다른 학대 유형과 마찬가지로 노인의 재정적 학대 경험에 가장 많은 영향을 미치는 변인은 미시체계인 노인의 개인적 특성(11%)이다. 특히 인지적 능력에 장애를 겪는 노인일수록 어떤 것이 이득이 있고, 어떻게 관리해야 하는지에 어려움을 가질 수밖에 없기 때문에 재정적인 학대의 피해자가 될 가능성이 높다. 이와 더불어 신체적, 인지적 장애에 따른 의존성이 낮은 노인들조차도 자신의 노후를 위해 재정적인 준비가 소홀했을 경우 재정적 학대를 경험할 가능성이 높은 것으로 나타나 적절한 노후복지 제도나 재취업의 기회가 빈곤한 현 상태에서 자립하지 못하고 자녀에게 신체적으로 의존하고 사는 노인들과 그리고 여러 가지 면에서 능력이 제한되고 있는 노인들이 재정적 학대로 고통을 받고 있을 가능성이 많다고 할 수 있다. 그러나 자녀와의 관계 및 지역사회 서비스에 대한 이용이 노인의 재정적 학대 경험에 영향을 미친다는 연구결과를 통해 이들 변수들이 노인 자신이 갖고 있는 문제점들을 상쇄시켜줄 수 있는 효과도 가지고 있으리라 여긴다. 그러나 세 가지 모델에 속한 각 변인들의 총설명량이 13%로 다른 학대유형에 비해 낮게 나타나, 노인의 재정적 학대에 따른 원인을 찾는 작업은 계속해서 이루어져야 하겠다.

4) 총노인학대 경험에 대한 체계 변인들의 영향력

노인의 총학대 경험에 영향을 미치는 변인을 조사하기 위하여 실시된 위계적 회귀분석 결과는 다음 〈표 15〉와 같다. 이 표에서 알 수 있는 바와 같이 각 체계별로 분류된 3개의 변인군 중 노인의 학대 경험을 가장 잘 설명하는 중요한 변인군은 미시체계인 노인의 개인적 특성으로 나머지 세 개의 독립변인군의 설명력을 제외하고도 27.5%를 단독으로 설명하고 있다. 그중 노인의 의존성(β=.365, p<.001), 교육수준(β=-.137, p<.05), 성별(β=-.150, p<.05) 순으로 유의한 효과를 갖는 것으로 나타났다. 즉 노인의 의존성이 높을수록, 교육수준이 낮을수록 그리고 여자노인일 때 학대 경험이 높은 것을 의미한다.

다음으로 중간체계 변인군을 추가함으로써 설명력은 46.7%로 나타나 전체적으로 19.2%의 증가를 보였으며, 자녀와의 관계만족도(β=-.336, p<.001), 비동거자녀와의 접촉적 결속력(β=-.182, p<.01), 남자부양자의 음주정도(β=.106, p<.05)가 유의한 효과를 갖는 것으로 나타났다. 즉 자녀와의 관계만족도가 낮을 때, 비동거자녀와의 접촉적 결속력이 낮을 때, 남자부양자의 음주정도가 높을 때 노인의 학대 경험이 높은 것을 의미한다.

〈표 14〉 재정적 학대에 대한 회귀분석

결 과 독립변인	모델 1 미시체계 (개인적 특성) B	β	모델 2 중간체계 (가족적 특성) B	β	모델 3 거시체계 (사회·문화적 특성) B	β
성별(남자=1)	-.057	-.063	-.004	-.004	-.003	-.029
연령	.005	.079	.007	.117	.001	.156
결혼상태(결혼해서 함께 살고 있다=1)	-.199	-.224**	.113	.124	.009	.098
교육수준	.039	.074	.020	.036	.001	.023
용돈수준	-.067	-.163*	-.094	-.224**	-.009	-.213*
용돈원천(자녀 외=1)	-.195	-.226**	-.190	-.215**	-.160	-.182*
자아존중감	.000	.001	.048	.083	.006	.103
의존성	.161	.267***	.180	.296***	.153	.253**
남자부양자의 연령			-.005	-.112	-.001	-.156
남자부양자의 교육수준			.019	.032	-.003	-.006
남자부양자의 직업(단순근로직=1)			.098	.050	.144	.073
남자부양자의 건강수준			.003	.047	.018	.027
남자부양자의 음주정도			.039	.072	.032	.059
자녀의 경제상태			.075	.115	.080	.122
동거자녀와의 정서적 유대감			.062	.114	.053	.098
비동거자녀와의 접촉적 결속력			-.009	-.018	-.018	-.039
비동거자녀와의 원조적 결속력			-.014	-.030	-.031	-.066
자녀와의 관계만족도			-.110	-.209**	-.101	-.193**
부양기대감			-.036	-.065	-.031	-.055
사회적 고립정도					.006	.015
친척·이웃·친척으로부터의 정서적 지원					-.016	-.030
친척·이웃·친구로부터의 도구적 지원					.073	.120
지역사회 서비스의 인지도 (알고 있음=1)					.095	.044
지역사회 서비스의 이용도 (이용한 적 있다=1)					.385	.182*
노인차별주의					.053	.082
가족주의					-.054	-.076
Intercept	.550		.549		.468	
Adjusted R²	.114		.121		.127	
Adjusted R²의 증가량			.007		.006	
F	4.16***		2.25**		1.88**	

* p<.05 ** p<.01 *** p<.001

세 번째 모델에서는 노인의 거시체계 변인인 사회·문화적 특성변인을 추가하였는데 설명력은 48.1%로 전체적으로 1.4%의 증가를 보였으며, 친척·이웃·친구로부터의 도구적 지원($\beta=-.219$, p<.01)과 정서적 지원 ($\beta=-.194$, p<.05), 지역사회 서비스의 이용도($\beta=.128$, p<.05)가 유의한 효과를 미치는 것으로 나타났다. 즉 친척·이웃·친구로부터의 도구적, 정서적 지원이 낮을 때, 지역사회 서비스의 이용도가 높을 때 노인의 학대 경험이 높은 것을 의미한다. 그런데 외체계 변인이 추가됨으로써, 남자부양자의 음주정도의 효과는 사라지는 특성을 보였다. 따라서 두 번째 모델에서 효과가 사라진 노인의 교육수준과 세 번째 모델에서 효과가 사라진 부양자의 음주정도는 노인의 학대 경험에 영향을 미치는 변수이기는 하지만, 다른 상황적 변수와 복합적으로 작용되어 상쇄될 수 있음을 나타낸다고 하겠다.

이상의 결과들을 종합하면, 무엇보다도 노인의 학대 경험에 가장 많은 영향을 미치는 변인은 미시체계인 노인의 개인적 특성변인이다. 특히 지금까지 많은 지지를 받고 있는 노인의 신체적·인지적 장애로 인한 의존성은 학대의 가능성을 증가시키는 가장 큰 요인으로 본 연구에서 역시 지지되었다. 이와 더불어 노인학대에 관한 관련 연구에서 지속적으로 나오고 있는 피해자의 대부분이 여성이라는 점 역시 지지되어, 노인문제라는 개념과 현상 이면에 숨겨진 성차별적인 요인들로 인하여 실제로 소외된 계층인 노인 중에서도 더욱 소외되고 있는 여성노인 문제에 대한 인식이 더욱 두드러져야 하겠다. 이러한 미시체계변수와 더불어 약 19.2%의 설명량 증가를 보이고 있는 중간체계 변인인 가족적 특성 역시 노인학대 경험에 매우 많은 영향을 미치고 있고, 전체적으로 자녀와의 관계만족도가 가장 큰 영향을 미치는 것으로 나타났다. 부양자와는 달리 노인들은 가족 자체에 문제가 있기 때문에 학대가 일어난다고 여기는 연구결과(Johnson, 1995)와 같이, 본 연구에서도 자신의 노후를 책임져 주어야 한다고 여기는 자녀들과의 관계에 문제가 있기 때문에 학대가 일어남을 알 수 있다. 이와 더불어 노인을 둘러싸고 있는 거시체계 환경이 노인의 학대 경험을 설명하는 양은 1.4% 정도의 적은 증가를 보였지만, 개별적으로 노인의 학대 경험에 유의한 영향을 미치는 변인들이 나타났다. 이는 노인을 둘러싼 사회문화적 환경의 영향 또한 학대와 관련되는 변수임을 나타낸다. 그러나 본 연구에서 거시체계 변인의 영향력은 미약하게 나타나고 있으므로 관련변수에 대한 보다 구체적인 탐색이 필요하다. 따라서 노인학대 경험을 감소하고 예방하기 위해서는 노인 자신의 개인적 특성뿐만 아니라 가족적 특성, 사회·문화적 특성까지 모두 고려해야 한다고 할 수 있다. 우선적으로 노인들이 갖고 있는 개인적 문제를 찾아내서, 그 해결방안을 구해야 할 것이며, 이와 더불어 부양자와의 관계에 있어서 내재된 갈등이 무엇인지를 파악하고 노인과 성인자녀 간의 유대와 결속도를 높여주어야 할 것이다. 또한 노인이 사회적으로 위축되지 않는 관계망을 형성할 수 있도록 도움을 제공해 주어야 노인이 성인자녀로부터 받을 수 있는 학대의 가능성을 최대한 낮게 할 수 있을 것이다.

본 연구결과를 통해 노인의 학대문제를 해결하기 위해서는 단일측면의 접근으로는 한계가 있을 수밖에 없고, 노인학대를 탐색하고, 대처방안을 마련하기 위해서는 노인 자신뿐만 아니라 가족 그리고 주변 환경까지 모두 고려해야 한다는 생태학적 관점이 지지되었다 할 수 있다.

〈표 15〉 노인의 총학대 경험에 대한 회귀분석

결과 독립변인	모델 1 미시체계 (개인적 특성) B	β	모델 2 중간체계 (가족적 특성) B	β	모델 3 거시체계 (사회·문화적 특성) B	β
성별(남자=1)	-.133	-.150*	-.169	-.179*	-.079	-.187*
연령	.002	.031	.003	.056	.004	.085
결혼상태(결혼해서 함께 살고 있다=1)	.010	.113	.033	.038	.012	.002
교육수준	-.008	-.137*	-.023	-.043	-.014	-.016
용돈수준	-.005	-.124	-.038	-.093	-.015	-.038
용돈원천(자녀 외=1)	.108	.126	.049	.057	.011	.025
자아존중감	-.006	-.110	.036	.065	.048	.105
의존성	.220	.365***	.205	.349***	.172	.293***
남자부양자의 연령			-.005	-.096	-.008	-.167
남자부양자의 교육수준			.019	.032	-.001	-.005
남자부양자의 직업(단순근로직=1)			.156	.081	.208	.109
남자부양자의 건강수준			.007	.012	-.017	-.027
남자부양자의 음주정도			.056	.106*	.040	.076
자녀의 경제상태			-.060	-.094	-.067	-.106
동거자녀와의 정서적 유대감			-.027	-.052	-.047	-.089
비동거자녀와의 접촉적 결속력			-.083	-.182**	-.078	-.171**
비동거자녀와의 원조적 결속력			.015	.034	.006	.022
자녀와의 관계만족도			-.171	-.336***	-.179	-.352***
부양기대감			-.015	-.027	-.009	-.016
사회적 고립정도					-.004	-.011
친척·이웃·친척으로부터의 정서적 지원					-.101	-.194*
친척·이웃·친구로부터의 도구적 지원					-.129	-.219**
지역사회 서비스의 인지도 (알고 있음=1)					-.089	-.043
지역사회 서비스의 이용도 (이용한 적 있다=1)					.648	.143*
노인차별주의					.022	.035
가족주의					-.020	-.029
Intercept	1.338		1.933		2.087	
Adjusted R^2	.275		.467		.481	
Adjusted R^2의 증가량			.192		.014	
F	10.34***		8.98***		7.16***	

* p<.05 ** p<.01 *** p<.001

VI. 결론 및 논의

이 장에서는 앞에서 제시한 연구결과들을 종합하여 결론을 내린 후에 이 연구에서의 결과와 한계점을 토대로 후속연구와 실천적 적용에 대한 논의 및 제언을 하고자 한다.

본 연구는 지금까지 개념적인 혼용, 연구대상의 문제, 원인설명에 대한 근거 이론들의 제한성 문제 등으로 인해 그 설명에 어려움이 있었던 노인학대의 원인을, 인간발달생태학적 관점을 기초로 한 Kemp(1998)의 모델을 근거로 환경을 세 개의 체계로 세분화시켜 접근함으로써 보다 타당성 있는 원인을 밝히는 데 연구의 목적을 두었다. 구체적으로 노인학대의 원인을 노인 자신이나 부양자의 개인적인 특성과 가족체계의 특성에 초점을 두는 동시에 더 큰 사회적인 맥락에서 그 같은 문제가 초래된 본질적인 영향이 어디에 있는가를 규정하였다.

본 연구의 대상은 서울시에 거주하는 적어도 1명 이상의 자녀와 함께 살고 있는 60세 이상의 노인으로서 조사대상자는 총 200명이나, 응답 자료는 빈도와 백분율, 평균, 일원변량분석(one-way ANOVA), t검증, Pearson 적률상관관계, 위계적 회귀분석(hierarchical regression) 등이 실시되었으며, 이상의 자료는 SPSS WIN 7.5 프로그램에 의하여 실시되었다.

이와 같은 연구 분석을 바탕으로 본 연구에서 나타난 주요 결과들의 결론은 다음과 같다.

첫째, 본 연구대상자들의 노인학대 경험의 실태를 살펴보면 학대의 정도가 낮은 것으로 나타났다. 대개 가정 내에서 강도가 높은 학대 및 폭력이 많이 일어나고 있지는 않다는 것(Johnson, 1995)과 관련지어, 우리

사회도 가정 내의 노인학대가 그 범위에서 벗어나지 않고 있음을 알 수 있다. 그러나 세부적으로 세 가지 유형의 학대 중 정서적 학대가 가장 높은 것으로 나타났다. 겉으로 드러나는 다른 학대유형과는 다르게, 정서적 학대는 구분하기가 힘들 뿐만 아니라, 노인들 자체도 정서적 학대는 참을 수 있는 문제로 관대하게 대하고 있기 때문에(최해경, 1993), 가족으로부터 외로움이나 소외감을 표출하지 못하고 사는 노인들이 많을 것이다. 특히 심리적 고통 또는 상처를 유발시키는 정서적 학대는 대개 신체적 학대를 수반하는 것으로 나타나고 있기 때문에(Pillemer & Lachs, 1995), 이는 언제든지 다른 모습으로 나타날 수 있다. 따라서 정서적 학대에 대한 사회적 인식이 우선적으로 이루어지고, 우리 사회에서도 노인학대에 대한 예방적 대책과 실질적인 노력이 마련되어야 할 것이다.

또한 대체적으로 정서적 학대보다는 신체적 학대가 더 많이 나타나는 서구의 연구와는 달리 본 연구에서는 신체적인 학대 또는 구타 등의 폭력 문제가 높게 나타나지는 않았다. 그러나 우리나라 노인들이 서구의 노인들에 비해 신체적인 학대를 덜 경험하고 있다라고는 할 수 없을 것이다. 즉 학대를 탐색하고, 보고하는 데 좀 더 체계화된 서구의 적극적인 태도 때문인지, 가족의 화합을 강조하는 우리나라의 문화적인 특성 때문에 실제로 덜 일어나고 있는지에 대한 원인 탐색은 계속해서 이루어져야 할 것이다.

둘째, 노인학대 경험의 원인을 생태학적으로 접근한 결과 전반적으로 거시체계인 사회·문화적 특성이 낮은 설명량을 보이고는 있지만, 개별적으로 영향을 미치는 변수들이 나타나고 있어서 본 연구를 통해 노인의 학대 경험에는 미시체계, 중간체계, 거시체계가 모두 영향을 미치고 있다는 포괄적인 원인론의 틀이 제공되었다. 따라서 노인의 학대문제를 해결하기 위해서는 단일측면의 접근으로는 한계가 있을 수밖에 없고, 노인학대의 원인을 탐색하고, 예방 및 감소의 방안을 마련하기 위해서는 노인

자신뿐만 아니라 가족 그리고 주변 환경까지 모두 고려해야 한다는 생태학적 관점이 본 연구결과를 통해 지지되고 있다 할 수 있다. 우선적으로 노인의 총학대 경험에는 미시체계인 노인의 개인적 특성 변인이 28%로 가장 많은 설명량을 차지하였지만, 전체적으로 중간체계인 자녀와의 관계만족도가 가장 큰 영향력을 미치는 변수로 나타났다. 이와 더불어 노인을 둘러싸고 있는 거시체계 환경이 노인의 학대 경험을 설명하는 양은 1.4% 정도의 적은 증가를 보였지만, 개별적으로 노인의 학대 경험에 유의한 영향을 미치는 변인들이 나타났다. 따라서 노인의 학대 경험을 감소 및 예방하기 위해서는 노인들이 갖고 있는 개인적 문제의 탐색 및 해결방안 모색뿐만 아니라 부양자와의 관계에 있어서 내재된 갈등이 무엇인지를 파악하고 이들 간의 유대와 결속도를 높여주어야 하는 방안이 마련되어야 할 것이다. 또한 노인이 사회적으로 위축되지 않는 관계망을 형성할 수 있도록 도움을 제공해 주어야 노인이 성인자녀로부터 받을 수 있는 학대의 가능성을 최대한 줄일 수 있을 것이다.

셋째, 본 연구결과에서는 노인의 학대개념을 세 가지로 구분하였다. 즉 정서적 학대, 신체적 학대, 재정적 학대로 구분하여 이들 각각의 원인에 대한 생태학적 섭근 결과, 제각기 다른 설명량과 원인이 나타났다. 정서적 학대, 신체적 학대, 재정적 학대 모두 미시체계인 노인 자신의 개인적 특성이 가장 많은 영향력을 미치는 것으로 나타났다. 그러나 중간체계와 거시체계 변인들을 차례로 투입한 결과, 정서적 학대는 노인의 의존성이 갖는 영향력이 점차 낮아지고, 그보다는 중간체계인 자녀와의 관계만족도와 거시체계인 친척·이웃·친구로부터의 정서적 지원이 더 많은 영향을 미치는 것으로 나타났다. 신체적 학대의 경우 역시 마찬가지의 결과를 보여, 노인의 의존성보다는 점차 비동거자녀와의 접촉적 결속력이나 자녀와의 관계만족도 그리고 친척, 이웃, 친구로부터의 도구적 지원이 더욱 학대의 원인이 되는 것으로 나타났다. 또한 첫 번째 모델에서 노인의 교육수준, 용돈수준, 자아존중감이 가졌던 영향력이 중간체계가 투입됨으로써 사라지는 효과를 보여, 노인의 신체적 학대에 영향을 미치는 것으로 나타난 개인적 특성들은 노인 주변의 가족적 특성 및 사회·문화적 특성과 더불어 상쇄될 수 있음을 엿볼 수 있다. 재정적 학대도 비슷한 결과를 보이고 있어서, 신체적·인지적·경제적인 문제로 자녀에게 의존하고 있는 노인이 재정적인 학대를 경험할 가능성이 높은 것은 사실이나, 이것 역시 자녀와의 관계에 있어서 갈등의 소지가 적거나, 지역사회 서비스에 대한 적극적 활용이 이루어질 때 상쇄될 수 있음을 알 수 있다. 따라서 본 연구결과를 통해 각각의 학대유형에 따른 예방 및 감소를 위해서는 각각의 독특성에 따라 다른 방안이 마련되어야 할 것이다. 또한 노인학대에 관한 연구결과에서 가장 많은 원인으로 제공되고 있는 개인적 특성과 더불어 이들을 상쇄시켜줄 수 있을 만큼의 효과를 가지는 가족 및 사회·문화적 특성까지 모두 고려되어야 하겠다.

넷째, 세부적으로 정서적·신체적·재정적 학대의 경험에 공통적으로 영향을 미치는 변인은 미시체계(노인의 개인적 특성)인 노인의 의존성과 중간체계(가족적 특성)인 자녀와의 관계만족도이다. 대부분의 연구결과 신체적, 인지적 장애를 가지고 있는 개인이 비슷한 연령이지만, 같은 장애를 겪고 있지 않은 이들보다 더 학대를 받을 가능성이 높다는 데 동의를 하고 있다. 우리나라는 현재 65세 이상 인구 중 90만 명(노령인구의 약 33.5%)의 노인이 관절, 심장병 등 만성퇴행성 질환으로 식사, 목욕, 병원 이용 등 일상생활에서 제3자의 도움을 필요로 하고 있는데(통계청, 1998), 이들 만성질환 노인들에 대한 다른 대책이 보완되어져야 할 것이다. 그러나 다각적으로 학대의 원인을 밝히고자 한 본 연구결과, 일반적인 노인의 특성이라 할 수 있는 의존성 자체가 노인을 학대 위기에 처하게 한다고 하기보다는 지금까지 유지해 온 자녀와의 관계가 어떠했는지가 노인의 학대 경험에 더 많은 영향을 미치는 것으로 나타났다. 따라서 건강하지 못한 노인을 위한 정부의 재정적 지원이나 의존적인 노인을 위한 노인시설 및 재가노인복지기관의 확충에도 지속적인 노력을 기울여야 하는 것과 더불어, 세대 간의 갈등을 줄이고, 관계의 만족도를 높여줄 수 있는 사회적, 복지적 및 예방적 교육의 서비스 개발이 필요하다.

다섯째, 본 연구의 생태학적 접근 내용 중 설정된 거시체계 변인은 전반적으로 노인학대에 큰 영향을 미치지 못하였다. 즉 사회적 고립 또는 지원이 부양상황에서 폭력적인 감정이나 행동을 완충시킬 수 있다는 것이 지지되지 못한 Pillemer와 Suitor(1992)의 연구결과와 같이, 본 연구에서도 노인의 사회적 지원망이나 사회·문화적 가치관은 노인의 학대 경험에 큰 설명량을 갖지는 못하였다. 그러나 다른 변수인 친척·친구·이웃으로부터의 정서적·도구적 지원은 노인의 학대 경험에 유의한 영향을 미치는 것으로 나타났다. 특히 앞으로 노인단독가구가 점차 증가하고 있는 현 시점에서 친척, 친구, 이웃이 갖는 효과는 노인의 정서적, 신체적 지원책으로 중요한 기능을 하리라 여긴다. 인간은 환경과 끊임없이 상호작용을 하면서 영향을 받으므로, 노인문제는 곧 사회문제라 할 수 있다. 따라서 노인학대의 원인을 탐색하는 데 있어서 사회적 환경이 무시되어서는 안 되며, 이에 영향을 미치는 거시적 체계변수의 확인 작업이 계속해서 이루어져야 하겠다.

본 연구의 결과를 토대로 실천적 적용과 후속연구를 위한 몇 가지 사항을 제언하고자 한다.

우선 정책적인 측면에서 적용될 수 있는 것은 다음과 같다.

첫째, 인구추세와 사회구조의 변화로 인해 이제부터 우리사회에 나타날 노인문제를 방지하는 강력한 제도가 구축되지 않고는 앞으로 노인학대 문제가 심각한 형태로 나타날 것이라 예측된다. 본 연구결과 노인학대는 노인 자신이나, 가족 그리고 사회·문화적 변인이 복합적으로 작용하여 일어나는 것으로 나타났다. 따라서 노인의 학대 경험을 예방하고, 중재하기 위해서는 학대를 일으키는 직접적인 원인은 아니라 하더라도, 그러한 가능성을 충분히 가진 요인들에 대해 정책적인 관심을 계속해서 가져야 하겠다. 이를 위해서는 다각적이면서도 전체론적인 원인 접근방법에서 계속적인 규명과 지원이 이루어져야 할 것이다. 이와 더불어 노인학대에 대한 정책적 접근은 그 학대유형에 따라서 다르게 행해져야 할 것이다. 즉 본 연구결과 각각의 학대 유형에 따라 영향을 미치는 변인들이 제각기 다른 것으로 나타났기 때문에 단편적인 원인 및 접근방법을 가지고서는 노인들이 경험하는 다양한 학대를 감소시키는 데 어려움이 따르리라 본다. 따라서 노인학대 문제를 다루기 위해서는 다양한 사회서비스 접근이 이루어져야 하며 이를 위해 많은 자원이 공급되어야 할 것이다. 특히 치매나 와상노인을 부양하는 부양자의 부담을 고려하여 전문적 간병 역할을 할 수 있는 노인전문병원 및 요양원의 확충 등 고령화 사회에서 부딪칠 수 있는 일을 대비한 노인복지 대책이 효율적으로 추진되어야 하겠다.

둘째, 생태학적인 접근 결과 노인학대를 미리 예방하고, 감소시키기 위해서는 가족 복지적 차원에서 의존적인 노인을 위한 시설이나 재가서비스의 개발이 시급할 뿐만 아니라, 자녀와의 관계 및 지지도를 향상시킬 수 있는 프로그램 및 서비스가 개발되어야 하겠다. 또한 노인 스스로가 사적 지원체계와 보다 적극적인 관계망을 맺을 수 있는 방안이 개발되어야 할 것이다. 이와 더불어 노인들이 적극적으로 사회활동에 참여할 수 있도록 노인에게 알맞은 직종이나 여가시설 및 프로그램에 대한 정보를 교육시키는 것이 바람직하다 볼 수 있다. 이러한 통합적인 방안을 마련하기 위해 사회와 국가의 계속적인 지원과 관심이 필요하다.

셋째, 미시체계 변인에 따른 연구결과 여성노인에 대한 관심 및 정책이 개발되어야 하겠다. 여성은 남성에 비해 평균수명이 길어 배우자와 사별하고 홀로 사는 경우가 훨씬 많고, 자녀와 교환할 수 있는 자원이 상대적으로 남자노인에 비해 적기 때문에 학대를 받을 가능성이 훨씬 높다. 특히 심리적 부적응, 우울증 등의 정신병리가 남성보다는 여성에게서 발생률이 높다는 점에 비추어 노년기에 나타나는 노인성 치매, 갱년기 우울증 등과 같은 특수한 심리적 및 정신적 문제는 여성노인일수록 정서적 학대를 더 많이 경험한다는 연구결과와 더불어 큰 문제가 될 수 있다. 따라서 여성노인들 스스로도 여가를 즐기거나, 정서적 또는 경제적 문제를 해결하고자 하는 적극적인 대처자세가 필요하며, 이와 더불어 퇴직 후에도 연금제도를 비롯한 각종 제도적 장치가 남성 위주로 되어 있어 남성에 비해 경제적 지위가 약할 수밖에 없는 여성노인들을 위해 국가적인 배려가 필요하고, 이들을 위한 정책들이 다시 세워져야 할 것이다.

넷째, 지역사회 서비스를 많이 이용하는 노인일수록 노인학대 경험이 높은 것으로 나타난 본 연구결과에 비추어 아직까지 우리나라에서 노인들을 위한 시설 및 서비스가 양적으로나 질적으로 제 역할을 하지 못하고 있음을 알 수 있다. 즉 여전히 많은 노인들을 지역사회 서비스 기관으로 노인정을 꼽고 있고, 이곳은 가족 내의 문제로부터 도피하는 장소로 이용되고 있거나, 소극적 의미에서의 여가생활을 하는 장소로 활용되고 있는 것으로 나타났다. 따라서 노인의 사회서비스, 법적 서비스, 직업훈련, 경로당운영, 노인여가 활동 등의 제서비스에 대한 재평가가 이루어져 노인의 기본적 인권이 유지될 수 있도록 하고, 이를 통해 노인학대가 발생되기 이전에 방지될 수 있도록 하여야 하겠다. 이와 더불어 학대받는 노인이 보호될 수 있는 기관 마련과 그 가족에 대한 역기능적 관계의 해결방안 모색도 이루어져야 하겠다.

다섯째, 현재 시행되고 있는 「가정폭력 범죄의 처벌 등에 관한 특례법안」 중 노인학대에 따른 법안 효과가 어느 정도인지에 대한 평가가 이루어져야 하겠다. 본 연구결과 학대의 개념을 무엇으로 보느냐에 따라서도 그 원인이 다른 것으로 나타났기 때문에 이에 대한 합의가 절실히 요구된다. 따라서 학대를 예방하고, 노인들이 갖고 있는 문제를 해결하는 데 도움이 될 수 있는 법적 제도적 장치가 되도록 이 법안이 갖고 있는 문제라든가, 시행절차, 후속조치 그리고 노인 및 부양자의 이에 대한 태도 등에 대해 계속적인 관심과 연구가 행해져야 할 것이다.

다음은 앞으로 이루어질 미래의 연구를 위해 본 연구의 제한점을 몇 가지 들고자 한다.

첫째, 본 연구의 조사대상은 직접적으로 학대를 경험하고 있는 노인을 단위로 선정하는 데 어려움이 있어 현재 성인자녀와 동거하고 있는 노인을 대상으로 조사하였다. 그러나 노인학대라는 현상은 쌍방간의 조사가 반드시 필요하므로 후속연구에서는 이러한 한계점을 보완하여 학대받는 당사자인 노인뿐만 아니라 주부양자인 성인남녀를 쌍으로 조사를 해야만 분명한 노인학대 경향과 관련요인들을 파악할 수 있을 것이다. 또한 본 연구 조사대상자들의 선정에 있어서의 한계점으로 인해 노인들이 비교적 낮은 수준의 의존성을 갖고 있거나, 학대 경험이 전반적으로 낮은 경향을 가지고 있기 때문에 본 연구의 결과를 일반화시키는 데는 한계가 있다. 따라서 좀 더 정확한 학대원인을 밝히기 위해서는 좀 더 폭넓게 조사대상자를 선정하는 작업이 이루어져야 할 것이다.

둘째, 본 연구에서 설정했던 거시체계 변인들의 노인학대에 대한 영향력이 전반적으로 낮게 나타났는데, 이들 변인 이외에 또 다른 거시체계 변인들을 개발, 보완하여 연구모형에 도입하는 연구과정이 필요할 것이다. 즉 노인학대의 원인에 대한 포괄적인 이해를 위해서는 연구 가능한 수준의 보다 많은 미시체계 변인, 중간체계 변인, 거시체계 변인의 개발이 필요할 것으로 보인다.

셋째, 알코올학대, 가족폭력 역사 등에 따라서도 학대의 위기는 나타날 수 있다. 이러한 부분에 대해서는 본 연구에서는 다루지 않았으며, 이러한 역동성을 파악하기 위해서는 소수의 응답자들을 대상으로 한 심층면접의 조사방법을 병행하는 접근이 필요하다고 보겠다.

넷째, 본 연구에서 인간발달 생태학적 모델을 기초로 노인학대의 원인을 밝히려 하였으나, 앞으로는 좀 더 여러 각도에서 이에 대한 연구가 행해져야 하고, 가정 내 노인학대에 대한 체계적인 이론 및 실제의 확립을 위해 성인자녀뿐만 아니라 배우자 그리고 가족 외에서 행해지는 노인학대에 대한 연구가 이루어지기를 바란다.

참고문헌

1. 국내문헌

권중돈(1994). 한국 치매노인 가족의 부양부담 사정에 관한 연구. 연세대학교 대학원 박사학위논문.

김미경(1998). 노인학대에 관한 연구 −청주시를 중심으로−. 청주대학교 대학원 석사학위논문.

김미혜·이선이(1998). 노인학대 측정도구 개발을 위한 일 연구. 사회복지 제136호, 봄, 87−110.

김선희(1996). 시부모 부양 며느리의 안녕감에 관한 연구. 이화여자대학교 대학원 박사학위논문.

김은희(1994). 삶의 기대가 자존감과 문제해결 인식에 미치는 영향 −남·녀 대학생 집단을 중심으로−. 이화여대 대학원 석사학위논문.

김익기·김동배·모선희·박경숙·원형희·이연숙·조성남(1999). 한국노인의 삶−진단과 전망. 서울: 생각의 나무.

김재엽(1998). 한국노인부부의 부부폭력실태와 사회 인구학적 변인과의 관계연구. 한국노년학, 18(1), 170-183.

김지훈(1997). 농촌 노인단독가구 노인의 성인자녀관계와 생활만족도에 관한 연구. 서울대학교 대학원 석사학위논문.

김태현(1994). 노년학. 서울: 교문사.

김태현·한은주(1997). 노인학대 측정과 개입을 위한 문헌적 고찰. 한국노년학, 17(1), 51-73.

126

김한곤(1994). 노인학대에 관한 연구경향과 과제. 영남대학교 인문과학연구소 인문연구, 15(2), 209-227.

김한곤(1998). 노인학대의 인지도와 노인학대의 실태에 관한 연구. 한국노년학, 18(1), 184-197.

김현수(1997). 노인학대의 실태에 관한 연구. 숭실대학교 대학원 석사학위논문.

문수재(1980). 인간생태학과 가정학. 대한가정학회지, 18(4), 123-128.

문수재·유영주·이은영·윤정숙·문숙재(1995). 가정학의 새로운 접근 - 인간생활을 중심으로-. 서울: 수학사.

박경란·제미경·오찬옥(1995). 대도시 단독가구 여자노인의 생활의 질 향상을 위한 연구 -가족·소비·주거생활을 중심으로-. 한국가정관리학회지, 13(4), 101-113.

박준기(1998). 한국 노인학대 실태에 관한 연구 -신문기사에 나타난 사례를 중심으로-. 강남대학교 대학원 석사학위논문.

반형욱(1997). 노인학대의 실태조사연구. 한남대학교 대학원 석사학위논문.

시혜경(1995). 노인학대의 실태와 법의 필요성. 한국여성의 전화 가정폭력방지법 전운가 워크숍 자료, 38-62.

성향숙(1997). 여성노인의 삶의 조건과 학대에 관한 연구. 부산여자대학교 여성연구, 제8집, 19-39.

손정영(1998). 아내학대의 원인에 대한 생태학적 연구 -도시 중산층 부부들 중심으로-. 경희대학교 대학원 박사학위논문.

손화희·정옥분(1999). 재가복지 수혜노인의 주관적 안녕감에 대한 생태학적 접근. 한국노년학, 19(1), 83-103.

윤진(1994). 폭력 없는 가족 -아내구타와 노부모 학대를 중심으로-. 여성

연구, 44(가을호), 107-122.

이가옥·서미경·고경환·박종돈(1994). 노인생활실태 분석 및 정책과제. 한국보건사회연구원.

이선이(1998). 노인학대에 영향을 미치는 요인에 관한 연구. 이화여자대학교 대학원 석사학위논문.

이성희·한은주(1998). 부양자의 노인학대 경험과 관련요인. 한국노년학, 18(3), 123-141.

이연호·박미석(1997). 생태학적 관점에서 본 주부의 생활 폐기물 재활용 행동에 관한 인과적 분석. 대한가정학회지, 35(1), 443-459.

이　영(1992). 인간발달생태학. 서울: 교육과학사.

이영숙(1997). 고부관계에서 발생한 노인학대에 관한 연구. 대한가정학회지, 35(2), 359-372.

이영자(1999). 단독가구 노인의 스트레스와 우울감 -사회적 지지의 완충효과를 중심으로-. 성신여자대학교 대학원 박사학위논문.

이영화(1997). 노인의 사회적 지원망과 고독감에 관한 연구. 성신여자대학교 대학원 석사학위논문.

이해영(1996). 새로운 복지문제로서의 노인학대에 대한 고찰. 한국노인문제연구소 학술계간지, 통권 3호, 301-328.

전길양·송현애(1997). 노인홀대에 관한 연구 -학대와 방임에 대한 인식 및 경험을 중심으로-. 한국가족상담교육단체협의회 학술대회 「가정폭력에 관한프로그램 개발 연구」, 32-96.

최원기(1989). 노인의 차별감에 대한 일고찰 -하위문화론과 현대화이론을 중심으로-. 고려대학교 석사학위논문.

최정아(1991). 사회적 지원망과 노인의 생활만족도. 한양대학교 대학원 석사학위논문.

최해경(1993). 노인학대에 관한 인식과 원조요청 태도에 관한 연구. 전주대
학교 논문집, 22, 273-286.

통계청(1998). 도표로 보는 통계.

통계청(1998). 한국의 사회지표.

한국가족학연구회 편(1991). 가족학연구의 이론적 접근 -미시이론을 중심
으로-. 서울: 교문사.

한국형사정책연구원(1995). 노인의 범죄 및 범죄 피해에 관한 연구.

한동희(1996). 노인학대에 관한 연구. 대구효성가톨릭대학교 대학원 박사학
위논문.

한동희·김정옥(1994). 노인학대에 관한 이론적 고찰. 대한가정학회지,
32(4), 45-56.

한동희·김정옥(1995). 노년기 특성에 관련된 노인학대에 관한 연구. 가족
학논집 7집, 185-209.

한은주·최배영(1997). 상징적 상호작용론적 관점에서 본 부모부양의식에
관한 연구. 대한가정학회지, 35(2), 373-383.

2. 국외문헌

Anita, C. A. (1994). A literature review: Assessment and intervention in
elder abuse *Journal of Gerontological Nursing, 20(7)*, 25-32.

Atchley, R. C. (1994). *Social forces & aging -An introduction to social
gerontology-*. Wardsworth Pub.

Beasley, C. M., & Carlson, J. R. (1998). Elder abuse: Two native American view. *The Gerontologist, 38(5),* 538-548.

Belsky, J. (1993). Etiology of child maltreatment: A developmental-ecological analysis. *Psychological Bulletin, 114(3),* 413-434.

Bookin, D., & Dunkle, R. E. (1989). Assessment problems in cases of elder abuse. In Filinson, R & Ingman, S. R.(eds). *Elder abuse: Practice and policy.* New York: Human Sciences Press Inc.

Breckman, S. R., & Adelman, R. D. (1998). *Strategies for helping victims of elder mistreatment.* Sage, Beverley Hills.

Browne, K., & Herbert, M. (1997). *Preventing family violence.* JOHN WILEY & Sons (Pub.)

Callahan, J. J. (1998). Elder abuse: Some questions for policymakers. *The Gerontologist, 28(4),* 453-458.

Chen, P. N., Bell, S. L., Dolinsky, D. L., Doyle, J., & Dunn, M. (1981). Elderly abuse in domestic settings: A pilot study. *Journal of Gerontological Social Work, 4(1),* 3-17.

Cohen, G. D. (1994). Journalistic elder abuse: It's time to get rid of fictions, get down to facts. *The Gerontologist, 34(3)* 399-401.

Cox, H. G. (1996). *Later life -The realities of aging-.* pub. prentice Hall, Inc. Fourth Edition.

Daniels, R. S., Baumhover, L. A., & Clark-Daniels, C. L. (1989). Physicians' mandatory reporting of elder abuse. *The Gerontologist, 29(3),* 321-327.

Dayton, B. I., Morgan, D., & Antonucci, T. (1997). The effects of positive and negative social exchanges on aging adults.

Journal of Gerontology, 52B(4) S190-S199.

Douglass, R. L. (1989). *Domestic mistreatment of elderly-Towards prevention.* prepared for the American Association of Retired Persons(AARP) Pub. Fourth printing.

Faulkner, I. R. (1982). Mandating the reporting of suspected cases of elder abuse: An inappropriate, ineffective and ageist response to the abuse of older adults. *Family law Quarterly, 16,* 69-91.

Finkelhor, D., & Pillemer, K. (1998). Elder abuse: Its relationship to other forms of domestic violence. In Hotaling G. T., Finkelhor, D., Kirkpatrick, J. T., & Straus, M. A. (eds). *Family abuse and its consequences-New directions in research-*(pp.244-254). SAGE Pub.

Fulmer, T. (1998). Elder abuse. In Straus, M. B.(eds), *Abuse and victimization across the life span*(pp.188-222). The Johns Hopkins University press.

Fulmer, & O'Malley, T. (1987). *Inadequate care of the elderly.* New York: Springer.

Garbarino, J. (1997). The human ecology of child maltreatment: A conceptual model for research. *Journal of Marriage and the family, 39,* 721-735

Gelles, R. J. (1997). *Intimate violence in fomilies.*이동원·김지선(역), 가정폭력의 허상과 실상, 서울: 길안사.

Gilliland, N., & Jimenez, S. R. (1996). Elder abuse in developed and developing societies: the US and Costa Rica. *Journal of Developing Societies, 12(1),* 88-103.

Harbin, H. T., & Madden, D. J. (1979). Battered parents: A new syndrome. *American Journal of Psychiatry, 136,* 1288-1291.

Hickey, T., & Douglass, R. L. (1981). Neglect and abuse of older family members: Professionals' perspectives and case experiences. *The Gerontologist, 21(2),* 171-176.

Hotaling, G. T., Finkelhor, D., Kirkpatrick, J. T., & Straus, M. A. (1998). *Family abuse and its consequences -New directions in research-.* SAGE Pub.

Hudson, M. F. (1994). Elder abuse: Its meaning to middle -aged and older adults-part Ⅱ: Pilot results. *Journal of Elder Abuse & Neglect, 6(1),* 55-81.

Hudson, M. F. & Carlson, J. R. (1994). Elder ab use: Its meaning to Caucasians, African Americans, and Native Americans. In T. Tatara(ed.), *Understanding elder abuse in minority populations.* Philadelphia PA: Taylor & Francis.

Hudson, M. F., Armachain, W. D., Beasley, C. M., & Carlson, J. R. (1998). Elder abuse: Two native American view. *The Gerontologist, 38(5),* 538-548

Hugman, R. (1995). The implications of the term 'elder abuse' for problem definition and response in health and social welfare. *Journal of Social Policy, 24(4),* 493-507.

Hwalek, M. A., & Sengstock, M. C. (1986). Assessing the probability of abuse of the elderly: Toward development of a clinical screening instrument. *Journal of Applied Gerontology, 5,* 153-173.

Hwalek, M. A., Neale, A. V., Goodrich, C. S., & Quinn, K. (1996). The association of elder abuse and substance abuse in the Illinois elder abuse system. *The Gerontologist, 36(5)*, 694-700.

Johnson, I. M. (1995). Family member's perceptions of attitudes toward elder abuse. Families in society: *The Journal of Contemporary Human Services.* Families International, Inc.

Kemp. A. (1998). *Abuse in the family: An introduction.* Brooks/Cole pub.

Korbin, J., Anetzberger, G., & Eckert. K. J. (1989). Elder abuse and child abuse: A consideration of similarities and differences in intergenerational family violence. *Journal of Elder Abuse and Neglect, 1,* 1-14

Kosberg, J. I. (1998). Preventing elder abuse: Identification of high risk factors prior to placement decisions *The Gerontologist, 28(1),* 43-50.

Lachs, M. S., & Pillemer, K. (1995). Abuse and neglect of elderly persons. *The New England Journal of Medicine, 332(7),* 437-443.

Lachs, M. S., Williams, C., O'Brien, S., Hurst, L., & Horwitz, R. (1997). Risk factors for reported elder abuse and neglect A nine-year observational cohort study. *The Gerontologist, 37(4),* 469-474.

Lau, E. E., & Kosberg, J. I.(1979). Abuse of the elderly by informal care providers. *Aging 302,* 10-15.

Lee, G. R., Netzer, J. K., & Coward, R. T. (1995). Depression among older parents: The role of intergenerational exchange. *Journal of Marriage and the Family 57(August),* 823-833.

Lerous, T. G., & Petrunik, M. (1990). The construction of elder abuse as a social problem: A Canadian perspective. *International Journal of Health Services, 20(4),* 651-663.

Marshall, M. (1984). Poignancy plus a few pointers. *Social Work Today,*

16(5), 26.

Miller, R. B., & Dodder, R. A. (1989). The abused: Abused: Elder abuse in the state of Florida. In Filinson, R., & Ingman, S. R.(eds.) *Elder, abuse: Practice and policy*. New York, Human Sciences Press.

Milner, J. S. (1990). Elder abuse and neglect. in kerraro, K. F. (Eds), *Gerontology: Perspectives and issues*(pp.316-332). New York: Springer pub.

Moon, A., & Williams, O. (1993). Perceptions of elder abuse and help-seeking patterns among African -American, Caucasian American, and Korean-American elderly women. *The Gerontologist, 33(3)*, 386-395.

Neale, A. V., Hwalek, M. A., Goodrich, C. S., & Quinn K. M. (1996). The Illinois elder abuse system: Program description and administrative findings *The Gerontologist, 36(4)*, 501-511.

Neikrug, S. M., & Ronen, M. (1993). *Elder abuse in Israel*. Journal of Elder Abuse, & Neglect, 5(3), The Haworth press, Inc.

Pagelow, M. D. (1984). *Family violence*. PRAEGER Pub.

Paveza, G. J., Cohen, D., Eisdorfer, C., Freels, S., Pharm, T. S., Ashford, J. W., Gorelick, P. Hirschman, R., Luchins, D., & Levy, P. (1992). Severe family violence and alzheimer's disease: Prevalence and risk factors, *The Gerontologist, 32(4)*, 493-497.

Pedrick-Cornell, C. (1987). Elder abuse: The status of current knowledge. In Gelles, R. J. (eds). *Family violence* (pp.168-182). SAGE pub.

Penhale, B. (1993). The abuse of elderly people: Considerations for Practice, *The British Journal of Social work, 23(2)*, 95-112.

Phillips, L. R., & Rempusheski, V. F. (1986). Making decisions about elder abuse. *Social Casework, 67(3),* 131-140.

Pillemer, K. (1985). *The dangers of dependency: New findings on domestic violence against the elderly.* Paper presented at the Annual Meeting of the American Sociological Association, Washington D. C., August.

Pillemer, K. & Finkelhor D. (1988). The prevalence of elder abuse: A random sample survey. *The Gerontologist, 28(1),* 51-57.

Pillemer, K. & Moore, D. W. (1989). Abuse of patients in nursing home: Findings from a survey of staff *The Gerontologist, 29(3),* 314-320.

Pillemer, K. & Suitor, J. J. (1992). Violence and violent feelings: What causes them among family caregivers? *Journal of Gerontology, 47(4),* S165-S172.

Pillemer, K. & Wolf, R. S. (1986). *Elder abuse: Conflict in the Family.* New York, Auburn House.

Pillemer, K. & Wolf, R. S. (1989). *Helping elderly victims: The reality of elder abuse.* New York: Columbia University press.

Pillemer, K. & Wolf, R. S. (1994). What's new in elder abuse programming?: programming?: Four bright ideas. *The Gerontologist, 34(1),* 126-129.

Quinn, M. J., & Tomita, S. K. (1986). *Elder abuse and neglect: Causes, diagnosis, and intervention strategies.* New York: Springer Pub.

Reis, M., & Nahmiash, D. (1998). Validation of the indicators of abuse(IOA) screen. *The Gerontologist, 38(4),* 471-480.

Rosenblatt, D. (1997). *Geriatric Gems* The Geriatrics Center, University of Michigan. 전길양 · 송현애(1997)에서 재인용.

Rosenbaum, A., Cohen P., & Forsstrom-Cohen, B. (1991). The ecology of domestic aggression toward adult victims. In Ammerman, R. T., & Hersen, M.(eds), *Case studies in family violence*. Plenum Press · New York and London.

Salend, E., Kane, R. A., Satz, M., & Pynoos, J. (1984). Elder abuse reporting: Limitations of statutes. *The Gerontologist, 24(1),* 61-69.

Sengstock, M. C., Barrett, S., & Graham, R. (1984). Abused elders: Victims of villains or of circumstances? *Journal of Gerontological Social Work, 8,*101-111.

Shiferaw, B., Mittelmark, M. B., Wofford, J. L., Anderson, R. T., Walls, P., & Rohrer, B. (1994). The investigation and outcome of reported cases of elder abuse: The Forsyth County Aging Study. *The Gerontologist, 34(1),* 123-125.

Sodei, T. (1999). *How to prevent elder abuse caused by the heavey burden of family caregiving.* 99 서울국제노년학대회 특별후원심포지움 「21세기 노인부양과 여성노인의 문제」.

Steinmetz, S. K. (1987). *The elderly: Victims and deviants.* (Pub.) Ohio Universtiy Press.

Steinmetz, S. K. (1988). *Duty bound elder abuse and family care.* Newbury Park, CA: Sage Pub.

Steinmetz, S. K. (1990). Elder abuse: myth and reality. In Brubaker, T. H.(eds), *Family realtionships in later life*(pp.193-211) Sage Pub., Inc. Second Edition.

Steinmetz, S. K. & Amsden, D. J. (1983). Dependent elders, family stress, and abuse. In Brubaker, T. H. (Eds), *Family relationships in later life*(pp.173-192) Sage Pub, Inc. First Edition.

Strawbridge W. J., Wallhagen, M. I., & Shema, S. J. (1997). New burdens or more of the same? Comparing grandparent, spouse and adult-child caregivers. *The Gerontologist, 37(4)*, 505-510.

Talbott, M. M. (1990). The negative side of the relationship between older widows and their adult children: The mother'sperspective. *The Gerontologist, 30(5)*, 595-603.

Wiehe, V. R. (1998) *Understanding family violence-Treating and preventing partner, child sibling, and elder abuse-*. Sage pub.

Wolf, R. S., & Li, D. (1999). Factors affecting the rate of elder abuse reporting to a state protective services program. *The Gerontologist, 39(2)*, 222-228.

3. 인터넷 자료

NCEA-Statistics-Series, Elder abuse in domestic settings

http://interinc.com/NCEA.

〈부록 1〉 노인학대 척도에 대한 요인분석 　　　　　　　　　　(N=200)

문 항 내 용	요인 I 정서적 학대	요인 II 신체적 학대	요인 III 재정적 학대	Comm-unality (h²)
7. 내가 알고 싶어서 물어보면 모르셔도 된다며 대답해 주지 않은 적이 있다	.81	.25	-.03	.73
9. 나를 무시하거나 그저 침묵으로 대한 적이 있다	.81	.34	.01	.78
8. 내 의사는 전혀 고려하지 않고 부양자가 집안일에 대한 결정을 내린 적이 있다	.80	.05	-.04	.65
13. 나를 부양하는 것이 부담스럽다는 얘기를 들은 적이 있다	.80	.21	.14	.71
12. 부양자가 나에게 큰소리를 친 적이 있다	.67	.17	.16	.50
10. 부양자가 나를 어른으로 대우하지 않고 어린애 취급을 한 적이 있다	.62	.35	.26	.57
5. 주변 환경을 정비하지 않거나 불결하게 방치해서 내가 사고를 당할 수 있는 위험한 상황이 된 적이 있다	.13	.88	.13	.81
4. 내가 거처하는 방의 난방시설이 충분하지 못하다	.14	.87	.15	.81
3. 부양자가 틀니나 보청기, 돋보기 등 보조기구를 제때에 마련해 주지 않은 적이 있다	.36	.72	.26	.71
2. 식사시간에 신경을 쓰지 않아 밥을 굶은 적이 있다	.28	.65	.08	.50
20. 허락 없이 내 재산을 담보로 해서 부양자가 대출을 받은 적이 있다	.08	-.02	.88	.79
19. 부양자가 내게 빌린 목돈을 갚지 않는다	.08	-.02	.81	.66
23. 나의 재정적 자원이 어떻게 관리되는지 잘 모르거나, 갑자기 다른 가족의 이름으로 양도된 적이 있다	.15	.25	.68	.55
22. 내 자신이 충분한 재정적 자원이 있음에도 불구하고, 자녀일로 인해 제대로 쓰이지 못하고 있다	-.07	.28	.63	.49
21. 부양자가 생활을 유지하는 데 필요한 용돈이나 생활비 등을 주지 않은 적이 있다	.34	-.02	.60	.48
Eigen 값	5.91	2.25	1.57	
설명 변량	39.39	15.01	10.47	
누가 변량	39.39	54.40	64.88	

* 각 번호는 질문지 번호와 일치함.

〈부록 2〉 독립변인들 간의 상관관계

	1	2	3	4	5	6	7	8	9	10	11	12	13	14	15	16	17	18	19	20	21	22	23	24	25
성별*	1.00																								
결혼상태*	.355	1.00																							
교육수준	.503	.358	1.00																						
용돈마련*	.256	.106	.253	1.00																					
용돈수준	.284	.247	.460	.429	1.00																				
자아존중감	.106	.142	.212	.041	.307	1.00																			
총 의존성	-.094	-.052	-.350	-.201	-.335	-.194	1.00																		
남자 부양자 연령(남자)	-.122	-.375	-.260	-.289	-.341	-.045	.309	1.00																	
남자 부양자 교육수준	.270	.281	.483	.049	.369	.236	-.324	-.226	1.00																
남자 부양자 직업*	-.087	.017	-.258	.034	-.162	-.170	.169	.013	-.349	100															
남자 부양자 건강수준	.040	.199	.227	.109	.137	.168	-.246	-.382	.358	-.113	1.00														
남자 부양자 음주정도	-.033	.064	.014	.105	.028	-.02	.158	-.036	-.090	.179	-.035	1.00													
부양자 경제수준	.254	.130	.411	.160	.410	.361	-.120	-.062	.434	-.241	.270	.028	1.00												
동거자녀와의 정서적 유대감	.121	.134	.187	-.176	.105	.362	-.138	-.089	.271	-.136	.193	-.160	.291	1.00											
자녀와의 관계만족도	.160	.154	-.029	.100	.264	-.122	-.075	.225	-.202	.171	-.138	.352	.382		1.00										
부양기대감	.049	.042	-.072	-.168	-.060	-.047	.014	-.048	.089	-.008	-.045	.021	.008	.125	.004	1.00									

	1	2	3	4	5	6	7	8	9	10	11	12	13	14	15	16	17	18	19	20	21	22	23	24	25
비동거자녀와의 접촉적 결속력		.115	.275	-.004	.287	.249	-.218	-.319	.286	-.200	.183	.014	.263	.366	.299	.039	1.00								
비동거자녀와의 원조적 결속력	-.046	.053	.119	-.173	.166	.173	.013	-.038	.161	-.133	.113	.039	.384	.307	.289	.175	.403	1.00							
사회적 고립	.118	.009	.219	.106	.200	.205	-.237	-.106	.170	-.222	-.042	-.052	.133	.099	.249	-.008	.121	.145	1.00						
친척, 이웃, 친구로부터의 정서적 지원	.112	.150	.235	.147	.335	.133	.013	-.108	.103	-.069	-.034	.048	.228	.065	-.058	-.053	.211	.187	.257	1.00					
친척, 이웃, 친구로부터의 도구적 지원	.034	.183	.122	.078	.134	.100	.002	-.034	.093	-.054	.069	.094	.191	.136	-.028	-.124	.162	.192	.159	.690	1.00				
지역사회 서비스의 인지도*	.337	.315	.406	.171	.281	.247	-.258	-.290	.315	-.186	.155	-.072	.251	.133	.151	.041	.329	.211	.249	.278	.212	1.00			
지역사회 서비스의 이용도	.081	-.037	.013	.048	-.149	-.159	.101	.203	.107	-.159	-.056	.106	.026	.004	.098	.184	-.041	.103	.127	.147	.152	.204	1.00		
노인차별주의	.094	.084	.019	-.053	-.045	-.158	.136	-.068	.027	-.151	-.053	.002	-.108	-.004	-.101	.053	.086	-.021	.013	.032	.066	.019	.155	1.00	
가족규범주의	-.029	-.116	-.124	-.055	-.044	.068	-.053	.034	-.001	-.138	-.139	-.117	-.045	.052	.082	.118	-.029	-.036	-.071	-.023	-.190	.060	.091	.202	1.00

* 가변수(dummy variable) 처리

1) 성별: 남자 1, 여자 0으로 처리 2) 결혼상태: 배우자가 있는 경우 1, 사별하였을 경우 0을 처리
3) 용돈마련처: 기타(재산소득 등) 1, 자녀가 전적으로 마련다 0으로 처리
4) 남자부양자 인지: 단순근로직일 때 1, 나머지 직업 0으로 처리
5) 복지서비스 인지: 알고 있는 경우 1, 모르고 있는 경우 0으로 처리

〈부록 3〉

조사지역:_____   □□□

설문지

안녕하십니까?

저는 성신여자대학교 대학원에서 노인학을 전공하고 있는 학생입니다.

최근 들어 노인문제가 심각하게 사회문제로 대두되고 있습니다. 따라서 본 설문지는 노인의 생활을 파악하여 좀 더 편안한 상태에서 노후를 보낼 수 있도록 하는 데 도움이 되고자 실시하는 것입니다.

이 조사에서는 귀하의 성함을 밝히지 않으며, 응답하신 내용은 연구 이외의 다른 어떤 목적에도 사용되지 않을 것을 약속드립니다. 그러므로 솔직하고 성의 있게 한 문항도 빠짐없이 응답하여 주시면 감사하겠습니다.

귀댁의 안녕과 번창하심을 빕니다.

1999. 7.

성신여자대학교 대학원 가정관리학과 박사과정 한은주 드림.

※ <u>**다음은 할아버지/할머니 자신에 관한 사항입니다.**</u> 해당 칸에 ○표를 하여 주십시오.

1. 귀하의 성별은 무엇입니까? 1) 남자_____ 2) 여자_____

2. 올해 연세가 어떻게 되십니까? 만_____세

3. 귀하의 결혼상태는?

   1) 결혼해서 함께 살고 있다_____ 2) 사별하였다_____

   3) 별거 및 이혼을 하였다_____ 4) 기 타_____

4. 학교는 어디까지 다니셨습니까?

   1) 무학_____ 2) 국민학교·서당_____ 3) 중학교_____

   4) 고등학교_____ 5) 전문대학_____ 6) 대학교 이상_____

5. 현재 귀하의 직업은 무엇입니까?_____

6. (한달에) 생활비 (또는 용돈)는 대략 어느 정도입니까?_____원

6-1. 생활비(용돈)는 주로 어떻게 마련하십니까? (**해당되는 칸에 모두 체크**)

   1) 일을 해서 번다_____

   2) 재산소득(저금, 사채이자, 집세 등)____

   3) 연금이나 퇴직금_____ 4) 생활보호대상자의 혜택_____

   5) 자녀가 대준다_____ 6) 기 타_____

7. 다음은 <u>귀하 자신에 관한 질문</u>입니다. 해당되는 칸에 ○표를 하여 주
   십시오.

문 항	전혀 그렇지 않다	별로 그렇지 않다	보통이다	대체로 그렇다	매우 그렇다

1. 가끔 내가 아닌 다른 사
  람이었으면 하는 생각이
  든다					

2. 전반적으로 내가 실패자 라는 느낌이 든다					
3. 대체로 나 자신에게 만족 하는 편이다					
4. 나에게 자랑할만한 점이 별로 없다					
5. 때때로 나는 전혀 쓸모없는 사람이라는 생각이 든다.					

8. 다음은 귀하의 **일상생활능력**이 어떠한지에 관한 질문입니다. 해당 칸에 ○표를 하여 주십시오.

문 항	전혀 그렇지 않다	별로 그렇지 않다	보통이다	대체로 그렇다	매우 그렇다
1. 나는 혼자 밥을 먹기가 어렵다					
2. 나는 혼자 옷 입기가 어렵다					
3. 나는 혼자 세수, 칫솔질 하기가 어렵다					
4. 나는 혼자 화장실을 사용하기가 어렵다					
5. 나는 혼자 목욕하기가 어렵다					
6. 나는 혼자 보행하기 어렵다					
7. 나는 혼자 음식을 만드는 것이 어렵다					
8. 나는 혼자 교통수단을 이용하기가 어렵다(버스나 전철을 혼자서 타기)					
9. 나는 혼자 돈 관리를 하는 일이 어렵다					
10. 나는 혼자 약을 챙겨먹기가 어렵다					
11. 요즘 깜박 깜박 잊어버리는 일이 전에 비해 많아졌다					
12. 요즘 같은 행동이나 말을 반복해서 하는 경우가 전보다 많아졌다					
13. 요즘 나도 모르게 혼자 중얼거리거나 이야기를 하는 경우가 전보다 많아졌다.					

※ 다음은 **귀하의 자녀와의 관계에 대한 질문**입니다. 해당 칸에 ○표를 하여 주십시오.

1. 현재 <u>동거하는 있는 가족</u>의 수는 본인을 포함하여 모두 몇 명입니까?
   _____명

2. 현재 <u>동거하고 있는 가족</u>에 대한 일반적 사항입니다. 솔직하게 대답하여 주십시오.
   (관계: 첫째 아들, 첫째 며느리, 막내아들, 큰 딸 등등)
   (건강수준: 매우 건강, 건강한 편, 보통, 건강하지 않은 편, 매우 건강하지 않음)
   (음주정도: 매우 많이 마신다, 많이 마시는 편이다, 보통이다, 마시지 않는 편이다, 전혀 마시지 않는다.)

관 계	연 령	교육수준	직 업	건강수준	음주정도

3. 현재 <u>같이 동거하고 있는</u> 자녀의 경제 상태는 어느 정도라고 생각하십니까?
   1) 상_____   2) 중상_____   3) 중하_____   4) 하_____

4. 다음은 <u>귀하와 귀하의 동거자녀와의 관계에 관한 문항</u>(정서적 유대감)입니다. 해당되는 칸에 ○표를 하여 주십시오.

문 항	전혀 그렇지 않다	별로 그렇지 않다	보통이다	대체로 그렇다	매우 그렇다
1. 어려운 일이나 불만스러운 일이 있어도 자녀에게 마음을 터놓고 이야기할 수가 없다.					
2. 자녀부부와 의견 차이를 느낄 때가 많다.					
3. 자녀들은 내 생각이나 의견을 존중해준다.					
4. 손자녀와 같이 어울리는 일이 많다.					
5. 손자녀와 거리감이 느껴진다.					

5. 현재 <u>동거하고 있지 않은</u> 자녀분들과는 얼마나 자주 만나십니까?

   1) 매일_____ 2) 주 1-3회_____ 3) 월 1-3회_____

   4) 년 1-2회_____ 5) 년 3-6회_____

   6) 전혀 만나지 않는다_____

6. 현재 <u>동거하고 있지 않은</u> 자녀분들과는 얼마나 자주 전화를 하십니까?

   1) 매일_____ 2) 주 1-3회_____ 3) 월 1-3회_____

   4) 년 1-2회_____ 5) 년 3-6회_____ 6) 전혀 하지 않는다_____

146

7. 현재 <u>동거하고 있지 않은</u> 자녀분들로부터 내가 속마음이 답답하고 외로울 때 어느 정도 도움을 받고 있습니까(정서적 지원)?

   1) 전혀 도움을 받지 않는다___ 2) 별로 도움을 받지 않는다___

   3) 때때로 도움을 받는다___ 4) 대개의 경우 도움을 받는다___

   5) 항상 도움을 받는다___

8. 현재 같이 <u>동거하고 있지 않은</u> 자녀로부터의 경제적인 도움은 어느 정도입니까?(도구적 지원)

   1) 전혀 도움을 받지 않는다___ 2) 별로 도움을 받지 않는다___

   3) 때때로 도움을 받는다___ 4) 대개의 경우 도움을 받는다___

   5) 항상 도움을 받는다___

9. 다음은 **부모로서 귀하의 자녀와의 관계에 대한 만족도가 어느 정도인지를 묻는 항목**입니다. 해당되는 칸에 ○표를 하여 주십시오.

문 항	전혀 만족하지 않는다	별로 만족하지 않다	보통이다	대체로 만족한다	매우 만족한다
1. 귀하의 자녀행동에 대해 얼마나 만족하십니까?					
2. 부모로서 당신 자신에 대해서는 얼마나 만족하십니까?					
3. 귀하와 귀하 자녀와의 관계에 있어서 얼마나 만족하십니까?					

10. 다음은 일반적으로 **부모가 자녀에 대해 갖는 태도(자녀에 대한 부양기 대감)**입니다. 귀하의 생각과 일치되는 항목에 ○표를 하여 주십시오.

문 항	전혀 그렇지 않다	별로 그렇지 않다	보통이다	대체로 그렇다	매우 그렇다
1. 부모가 아플 때, 자녀는 반드시 부모를 모셔야 한다.					
2. 자녀는 반드시 부모에게 재정적인 도움을 주어야 한다.					
3. 자녀가 출가한 후 부모 근처에 산다면, 반드시 일주일에 한번은 찾아와야 한다.					
4. 자녀가 출가한 후 부모와 멀리 떨어져 산다면 반드시 일주일에 한번은 최소한 전화나 편지를 해야 한다					
5. 자녀는 그들의 부모에 대해 책임을 가져야 한다.					

※ 다음은 **귀하의 주변 환경에 대한 질문**입니다. 해당 칸에 ○표 또는 질문에 답하여 주시기 바랍니다.

1. 귀하께서 <u>친척, 이웃, 친구로부터 정서적·도구적인 지원</u>을 어느 정도 받는지에 관한 문항입니다. 아래 번호에서 골라 해당란에 기입하여 주십시오.

1) 전혀 도움을 받지 않는다	2) 별로 도움을 받지 않는다
3) 때때로 도움을 받는다	4) 대개의 경우 도움을 받는다
5) 항상 도움을 받는다	

내 용	친 척	이 웃	친 구
1. 혼자라는 생각으로 외로움이 느껴질 때			
2. 속마음이 답답하고 우울할 때			
3. 필요한 물건 (또는 용돈)의 지원			
4. 아플 때 보살핌(병원 데려다주기, 음식 챙기기, 약 챙겨주기 등)			

2. 노인을 대상으로 한 다음의 사업(프로그램)을 알고 계십니까? 그리고
   이용한 경험은 있습니까?

		인지도 여부 1. 예 2. 아니오	이용 여부 1. 이용 2. 비이용	<u>이용한 경우만!!</u> 1. 가끔 이용하는 편 2. 자주 이용하는 편 3. 매우 자주 이용
경로 우대제도	(1) 버스 승차권 지급			
	(2) 철도 이용 시 50% 할인			
	(3) 공원·능원 등의 무 료입장			
(4) 노령수당제도				
(5) 노인공동작업장				
(6) 노인능력은행				
(7) 고령자 취업알선센터				
(8) 무료건강진단제도				
(9) 경로식당				
(10) 가정봉사원제도·재가복지 봉사센터				
(11) 노인전문병원				
(12) 노인정				
(13) 노인대학, 노인학교				
(14) 노인종합복지관				
(15) 주간보호시설				
(16) 단기보호시설				
(17) 무료양로시설·요양시설				
(18) 실비양로시설·요양시설				
(19) 주택상속 공제				
(20) 상속세 인적 공제				
(21) 생활보호				
(22) 의료보호				

※ 다음은 귀하가 접하고 있는 **문화 및 가치와 관련된 질문**입니다. 해당
　되는 칸에 ○표를 하여 주십시오.

1. **일반적으로 사람들이 다음 문항에 대해 어떠한 생각을 하고 있다고
　여기는지** 해당되는 곳에 ○표를 하여 주십시오.

문　항	전혀 그렇지 않다	별로 그렇지 않다	보통이다	대체로 그렇다	매우 그렇다
1. 대부분의 노인들은 외롭 　고 그들이 가족으로부터 　도외시 당하고 있다					
2. 일반적으로 노인들은 젊은 　이들보다 건강이 약하다					
3. 일반적으로　젊은이들은 　노인들과 어울리기를 싫어 　한다					
4. 노인들도 일을 할 수 있다.					
5. 젊은이들은 노인들을 무 　시한다					
6. 일반적으로 노인들을 위 　한 정책이 다른 연령층 　에 비해 소홀하다					

2. 일반적으로 사람들이 **다음 문항에 대해 어떠한 생각을 하고 있다고**
여기는지해당되는 항목에 ○표를 하여 주십시오.

문 항	전혀 그렇지 않다	별로 그렇지 않다	보통이다	대체로 그렇다	매우 그렇다
1. 일반적으로 가족이나 부 모에게 수치가 될만한 일 이라도 자녀에게 이득이 된다면 묵인하고 있다					
2. 일반적으로 자녀의 허물 을 감춰주고 있다					
3. 일반적으로 대부분의 사 람들은 가족의 행복을 위 해서 나 하나의 불편함을 감수하고 있다.					
4. 일반적으로 대부분의 사 람들은 어떤 사정이 있어 도 집과 가족의 존속을 무엇보다 먼저 생각한다					
5. 일반적으로 대부분의 사 람들은 가족이 싫어도, 그래도 가족은 함께 살아 야 한다고 여긴다.					

※ 다음은 **부양자와의 관계에 대한 귀하의 경험**을 보고자 하는 문항입니다. 해당되는 칸에 ○표를 하여 주십시오.

문 항	전혀 없다	거의 없다	가끔 있다	자주 있다	항상 그렇다
1. 몸이 아픈데 부양자가 관심을 갖지 않고 내버려 둔 적이 있다					
2. 식사시간에 신경을 쓰지 않아 밥을 굶은 적이 있다					
3. 부양자가 틀니나 보청기, 돋보기 등 보조기구를 제때에 마련해 주지 않은 적이 있다.					
4. 내가 거처하는 방의 난방시설이 충분하지 못하다					
5. 주변 환경을 정비하지 않거나 불결하게 방치해서 내가 사고를 당할 수 있는 위험한 상황이 된 적이 있다					
6. 며칠 동안 나만 남겨놓고 식구들끼리 여행을 간 적이 있다					
7. 내가 알고 싶어서 물어보면 모르셔도 된다며 대답해 주지 않은 적이 있다					
8. 내 의사는 전혀 고려하지 않고 부양자가 집안일에 대한 결정을 내린 적이 있다.					
9. 나를 무시하거나 그저 침묵으로 대한 적이 있다					
10. 부양자가 나를 어른으로 대우하지 않고 어린애 취급을 한 적이 있다					
11. 나의 일상적 사회활동이나 종교활동 등을 노골적으로 방해한 적이 있다					
12. 부양자가 나에게 큰소리를 친 적이 있다.					
13. 나를 부양하는 것이 부담스럽다는 얘기를 들은 적이 있다					
14. 부양자가 던진 물건에 맞은 적이 있다					

문 항	전혀 없다	거의 없다	가끔 있다	자주 있다	항상 그렇다
15. 일정기간 동안 방 밖으로 나오지 못하게 감금한 적이 있다					
16. 부양자가 나를 밀거나 때린 적이 있다					
17. 부양자가 나의 돈을 마음대로 꺼내어 쓴 적이 있다					
18. 부양자가 돈이나 보석, 가구와 같은 노인의 재산을 달라고 강요한 적이 있다					
19. 부양자가 내게 빌린 목돈을 갚지 않는다					
20. 허락 없이 내 재산을 담보로 해서 부양자가 대출을 받은 적이 있다					
21. 부양자가 생활을 유지하는 데 필요한 용돈이나 생활비 등을 주지 않은 적이 있다					
22. 내 자신이 충분한 재정적 자원이 있음에도 불구하고, 자녀일로 인해 제대로 쓰이지 못하고 있다					
23. 나의 재정적 자원이 어떻게 관리되는지 잘 모르거나, 갑자기 다른 가족의 이름으로 양도된 적이 있다					

- 응답해 주시느라 수고하셨습니다!! -

・ 저자 ・

한은주　　・약　력・
(韓銀珠)　　성신여자대학교 가정대학 가정관리학과 졸업
　　　　　　성신여자대학교 대학원 가정관리학과 가족학 석사
　　　　　　성신여자대학교 대학원 가정학과 가족학 박사
　　　　　　대한은퇴자협회 전문위원
　　　　　　(사)한국가정생활개선진흥회 연구원
　　　　　　(현)동작구 건강가정지원센터 건강가정교육팀장

　　　　　　・주요논저・
　　　　　　「장묘문화의식과 죽음에 대한 태도」
　　　　　　「독거노인의 자아존중감, 스트레스, 사회적 지원 경험 유무에 따른 심리적 복지감」
　　　　　　「고령사회를 대비한 노년준비교육 프로그램에 관한 연구」
　　　　　　「치매노인가족에 대한 서비스 실태」
　　　　　　「건강가정지원센터 운영의 전반적 평가 -용산구・숙명여자대학교 건강가정지원
　　　　　　　센터 시범사업을 중심으로」
　　　　　　외 다수

노인학대의 원인에 대한 생태학적 연구

・ 초판 인쇄　　2006년 3월 30일
・ 초판 발행　　2006년 3월 30일

・ 지 은 이　　한은주
・ 펴 낸 이　　채종준
・ 펴 낸 곳　　한국학술정보㈜
　　　　　　　경기도 파주시 교하읍 문발리 526-2
　　　　　　　파주출판문화정보산업단지
　　　　　　　전화　031) 908-3181(대표)・팩스　031) 908-3189
　　　　　　　홈페이지　http://www.kstudy.com
　　　　　　　e-mail(e-Book사업부)　ebook@kstudy.com
・ 등　　록　　제일산-115호(2000. 6. 19)
・ 가　　격　　10,000원

ISBN　89-534-4868-9 93330 (Paper Book)
　　　　89-534-4869-7 98330 (e-Book)

노인학대의 원인에 대한 생태학적 연구